特色课程建设丛书

丛书主编　杨四耕

钱晓强◎主编

学校课程建设导引

核心素养与学习需求

华东师范大学出版社

·上海·

图书在版编目(CIP)数据

核心素养与学习需求:学校课程建设导引/钱晓强
主编. —上海:华东师范大学出版社,2023
(特色课程建设丛书)
ISBN 978 - 7 - 5760 - 3848 - 4

Ⅰ.①核… Ⅱ.①钱… Ⅲ.①小学-课程建设-教学
研究 Ⅳ.①G622.3

中国国家版本馆 CIP 数据核字(2023)第 082955 号

特色课程建设丛书

核心素养与学习需求:学校课程建设导引

丛书主编 杨四耕
主 编 钱晓强
责任编辑 刘 佳
项目编辑 林青荻
特约审读 刘 瑶
责任校对 邱红穗 时东明
装帧设计 卢晓红

出版发行 华东师范大学出版社
社 址 上海市中山北路 3663 号 邮编 200062
网 址 www.ecnupress.com.cn
电 话 021 - 60821666 行政传真 021 - 62572105
客服电话 021 - 62865537 门市(邮购)电话 021 - 62869887
地 址 上海市中山北路 3663 号华东师范大学校内先锋路口
网 店 http://hdsdcbs.tmall.com

印 刷 者 上海锦佳印刷有限公司
开 本 787 毫米×1092 毫米 1/16
印 张 15.5
字 数 161 千字
版 次 2023 年 6 月第 1 版
印 次 2023 年 6 月第 1 次
书 号 ISBN 978 - 7 - 5760 - 3848 - 4
定 价 52.00 元

出 版 人 王 焰

(如发现本版图书有印订质量问题,请寄回本社客服中心调换或电话 021 - 62865537 联系)

编委会

丛书总序　走向课程自觉

　　在费孝通先生看来,文化自觉是生活在一定文化历史圈子里的人对其文化有"自知之明",并对其发展历程和未来有充分的认识。换言之,文化自觉就是文化的自我觉醒、自我反省和自我创建。

　　要提升学校课程品质,实现立德树人根本任务,文化自觉是不可或缺的。在我看来,课程领域的文化自觉就是课程自觉,它是人们基于对课程的理性认识,为着课程品质的提升而有清晰的目标意识和科学的路径观念,自觉参与课程变革实践的理性之思与理性之行。

　　课程自觉是一种有密度的自觉,它不是一个简单概念,而是一种思想、一种行动、一种文化,包含课程自知、课程自在、课程自为、课程自省以及课程自立等基本构成。推进特色课程建设,我们需要怎样的课程自觉呢?

　　1. 清晰的课程自知。课程自知是人们对特定课程情境的自觉理解,对课程理念和愿景的清晰判断,对课程内容和框架的基本认识,对课程实施路径和方位的整体把握。认识课程,认识自我,这不是一件容易的事。对一位校长来说,课程自知意味着对学校课程规划的整体理解,自觉研判学校文化与课程建构的关系、育人目标与课程架构的关系、资源调配与课程实施的关系;对一位教师来说,课程自知意味着对学科课程群建设的自觉思考,自觉跳出"课程即科目""课程即教学内容"等狭隘的课程观,建立与立德树人要求相适应的崭新课程观。

　　2. 透彻的课程自在。萨特说:存在先于本质。他曾将存在分为自在的存在和自为的存在,自在的存在是物体同其本身等同的存在,自为的存在是同意识一起扩展的存在。课程自觉需要深刻理解课程自在的文化,需要完整把握课程自在的处境,需要清晰认识课程变革的制度环境和现实可能,进而意识到哪些是可为的,哪些是不可为的;哪些是必须做的,哪些是可选择的;哪些是自己即可为的,哪些是需要制度支持的。

　　3. 积极的课程自为。按照萨特的观点,自为的存在是自我规定自己存在的。意识是自为的内在结构,自为的存在就是意识面对自我的在场。对课程变革而言,课程主体按照课程发展规律,通过自身的自觉行为和实践实现课程品质的提升,就是课程自为。课程自为意味着我们对课程自在的不满足,意味着我们开动脑筋思考课程变革的空间,意味着我们通过直面本己的课程实践培育新的课程文化,意味着我们在积极的卷入中推进课程深度变革。

4. 深刻的课程自省。课程自省即课程反思。杜威(1933)曾将反思解释为"思,我所思(thinking about thinking)",他鼓励专业人士审思每一个专业判断之下的潜在逻辑。课程变革是一种反思性实践,需要对实践进行反思,再将反思带到新的实践中去。反思性实践是一种主动且持续地审视理论、信念和假设的过程,它可以帮助我们在课程实践中更好地理解自我与他人,选择合适的方式应对可能的情境。课程反思是凌驾于思维之上的更高层次的反思。当你站在既定的框架里去检查这些规则的时候,是无法发现这些规则的问题的;如果你可以跳脱出来,不带评判和预设地去分析这些规则,其中的不妥之处就会被你看到。课程反思是一种能力,当你掌握了这项能力的时候,你就像"觉醒"了一样,一样的世界,你却会有不一样的"看法"。这就是哈贝马斯所谓的"沟通理性"概念,提升课程品质特别需要这样一种理性:反省、批判和论证。

5. 持守的课程自立。《礼记·儒行》:"力行以待取。"每一个人只有在自己的行动中,才能发现自己,才能向世界宣布他具有怎样的价值。课程自立是一个人认识到课程变革是自己的事,要有自己的立场、自己的创见,自持自守,不为外力所动,不随波逐流,进而"回到粗糙的地面"(维特根斯坦语),自觉参与到课程变革中来。课程自立本质上是在课程自知、课程自在、课程自为以及课程自省的作用之下,依靠自己的自觉和力量对课程实践有所贡献,并在此过程中逐渐提升自己的课程能力和专业成熟度,确证自己的"课程人"地位,成为"自己的国王"。

当我们有了清晰的课程自知、透彻的课程自在、积极的课程自为、深刻的课程自省以及持守的课程自立的时候,我们便作为"有创见的主体"主动地介入到课程设计、实施、评价与管理的全过程之中了,学校课程深度变革便自然而然地发生了。

费孝通先生说:"文化自觉是一个艰巨的过程。"让课程意识从"睡眠状态""迷失状态"到"自觉状态",也是一个艰难而痛苦的过程。可喜的是,本套丛书的作者秉持课程自觉之精神,聚焦特色课程建设,在课程自知、课程自在、课程自为、课程自省和课程自立方面掘进,迎来了课程变革的新境界!

杨四耕

2020 年 7 月 3 日于上海市教育科学研究院

目　录

第一章　独立性学习需求:让心灵成长　

　　　　独立,让心灵成长。学会独立是生活能力的锻炼过程,也是养成良好道德品质的必经之路,更是决定人生高度的重要因素之一。躲在母鸡翼下的小鸡一生只能在土里刨食,喜欢成群结队的燕雀永远无法飞出舒适圈,只有那独立崖头的雏鹰,不依赖父母,不畏惧独立,终将会扶摇直上九万里,翱翔在无垠的长空。但不是所有人生来就具备独立性学习的能力,课堂仍肩负着培养和提升学生独立性学习能力的重要使命。

第二章　合作性学习需求:激发思维的火花　

　　　　孔子曰:"三人行,必有我师焉。"这体现了合作学习思想的渊远流长。合作是人类社会存在至今的重要动力,有效的合作学习能够唤醒学生沉睡的潜能,激活封存的记忆，开启幽闭的心智。合作学习发挥了学生的主体作用，把学生的个性探索与小组的合作探索有机结合，调动全体学生的学习积极性，促进学生主体性、创造精神、实践能力及合作意识、交往品质等多方面素质的协调发展。

第三章　审美性学习需求：美是有力量的　/ 61

美是有力量的。当每一个公民都葆有发掘美好的眼睛与心灵，拥有完善的性格、更富情趣的人生和更高的精神境界，这将不仅是个人之福，也是国家之幸。没有美育的教育是不完整的。审美性学习有利于滋养敏锐的审美耳目、充沛的审美情感和健康的审美灵魂。学校美育应让美听得见、让美看得到、让美用得上、让美留得住、让美带得走，引领儿童成为具有才情美、体格美、智能美、品行美、创造美的新时代少年。

第四章　实践性学习需求：个性充分发展的途径

教育是根本，是一个国家兴旺发达的重要源泉，重视人才的教育，尤其小学生的实践能力更是新时代教育的研究方向。重视学生完整人格培养、个性充分发展，是新时期教育的重要内容，也是当今世界各国教育现代化的重要目标和共同趋向。注重创新实践的教育，才能提高整个民族的素质提高，小学生的实践能力的培养更应是重中之重。

第五章　社会性学习需求：促进多元化发展

人的本质是一切社会关系的总和，如何才能在短暂的生命里实现更高的人生价值呢？一个人对社会和他人所作的贡献越大，他在社会中获得的人生价值的评价就越高。学习不是个体孤立进行的活动，它一定发生在社会关系框架之中。无论是作为学习活动主体的人，还是作为学习活动客体的知识或经验，以及学习活动的中介工具和环境，都具有社会性。学校理应担当起帮助学生认识社会、融入社会、造福社会的使命，培养学生获得足够的社会能力与价值观。

第六章　表达性学习需求：语言是有温度的　/ 161

　　叶子是树的语言，细雨是天空的语言，沧海桑田是历史的语言。语言表达就像一把彩笔，绘画着不同的图景。有力量、有温度的语言表达能够体现一个人的气质涵养、综合素质。语言是学习的基础，在学校教育中，培养学生语言表达能力是素质教育的必然需求。培养学生的语言表达能力，能够帮助学生成为自信的、有个性的、有创造力的、有深刻思维的且乐于表达的新时代少年。

第七章　道德性学习需求：唤起内心的自觉　/ 193

　　道德源于人内心的自觉。人无德不立。"培养什么人、怎样培养人、为谁培养人"，道德教育需与新时代社会道德发展规律实时接轨。人性决定人生航向，道德性学习有利于开启向善的心灵世界，启迪明确的是非观念，铸造坚韧的意志品质、激发自豪的民族情感，最终塑造完美人性、引领社会风尚、形成时代印记。学校道德性教育应关注学生内心深处道德思维的生成、道德特质的向善、道德力度的持续，让充满灵性的道德性学习深深根植学生的心灵土壤。

前言　以"核心素养＋学习需求"为导向的课程建构

　　2014 年,教育部研制印发《关于全面深化课程改革落实立德树人根本任务的意见》,文件提出"教育部将组织研究提出各学段学生发展核心素养体系,明确学生应具备的适应终身发展和社会发展需要的必备品格和关键能力"。核心素养的本质是社会对人的发展要求。但是,学校在课程设计过程中,绝对不可忽视对学习者的学习需求的考量。因此,"核心素养＋学习需求"导向的学校课程深度变革研究是学校课程发展的必然选择。

一、研究意义

　　学校把中国学生发展核心素养作为育人目标,引领未来的课程与教学改革,切实地指导课程体系设计,指导教学实践,引领教师专业发展,引导学生的学习方向、学习方式,指导教育评价,实现学校课程深度变革的重要理论意义和实践价值。南苑小学在上海市嘉定区第一轮品质课程研究中,深入推进特色课程建设,加强课程顶层设计,提升课程领导力和执行力,精心培育课程文化。

　　本课题《以"核心素养＋学习需求"为导向的学校课程深度变革研究》重视学生素养与教育改革的联系性,包括同所有学习科目的关联乃至整合,打破重视单一成绩、单一层面的课程开发模式,突出以学生为主体的优势,强调学科之间应该是互相联系和融合的,课程教学应该是建立在以学生学习需求为主导、以培养学生核心素养为目的之基础上的,丰富的、多变的、不断生成的,是教师和学生在互动性活动中共同建立的,是随情境变化而改变的。

　　本课题的研究有助于学校树立大课程观念,在课程改革的整体推进中关注学生核心素养的培养和以学习需求为导向的课程实践;有助于引导教师认识到课程教学中蕴藏着的核心价值观和核心素养,实现课程开发和多学科教学资源的有效整合;有助于从学生的七大学习需求(即独立性学习需求、审美性学习需求、表达性学习需求、合作性学习需求、实践性学习需求、社会性学习需求、道德性学习需求)提高学生大胆质疑、调查研究、合作交流、社会体验等能力。

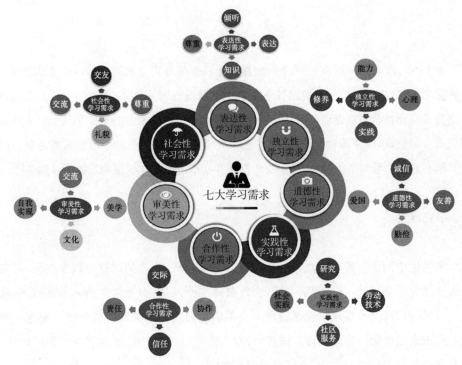

图 1　七大学习需求框架图

学校通过对以"核心素养＋学习需求"为导向的学校课程深度变革模式的探索，建设一个有利于教师、学生广泛参与的课程实践平台，最大限度地满足学校教育、教师教学、学生课程学习的需求，促进学校教学水平提高，促进教师专业提升，促进学生全面素质的发展，达成品质教育之最终目标。

二、研究成果与结论

（一）基于核心素养的学生学习需求调查分析

研究初期，课题组对所有在校学生和教师，采用问卷和访谈的形式，对学生的学习背景、学习内容、学习方式方法、学习困难和学习愿望等问题进行调查，并对学生的学习需求进行分析,然后收集数据、分析数据,找到学生的学习需求及问题所在,通过分析反馈信息找到问题产生的原因,明确学生的学习需求,梳理出七大学习需求以及相对应的核心素养。

1. 调查目的

为进一步优化学校课程体系,以便更好地在课程实施过程中培养学生的核心素养,在课程改革之前,我们对学生的学习背景、学习内容、学习方式、学习方法、学习困难和学习愿望等问题进行调查,了解学生不同的学习需求,从而明确基于核心素养的课程改革的方向。

2. 调查的过程与方法

课题组对所有在校学生和教师,采用问卷和访谈的形式进行调查。为了解学校课程开发和实施过程中,学生对独立性学习的需求情况以及教师如何通过教学有效致力于学生素养的提升,本课题组下发问卷 1 076 份,其中学生问卷 946 份,教师问卷 130 份,回收学生有效问卷 927 份,回收教师有效问卷 130 份。

3. 调查结果及分析

对问卷调查数据的统计与分析显示,学生对独立性学习需求、合作性学习需求、审美性学习需求、实践性学习需求、表达性学习需求、社会性学习需求和道德性学习需求的认可度很高。可见课堂作为教学的主阵地,仍然承担着培养和提升学生各项学习能力的重要使命,有着义不容辞的责任。

(二) 制订以"核心素养＋学习需求"为导向的课程目标

1. 明确育人目标

学校对学生发展核心素养的理解和实行效果是课程变革中最重要的部分。学校以文化构建为核心,以师生成长为航标,深入推进教育综合改革,凸显雅美文化的导向力、熏染力和渗透力;坚持精管理、优课程、强队伍、育文化、扬特色,夯实内涵发展之基,展示持续发展之翼,逐步形成"时时雅行,天天尚美"的育人目标。近年来,中共中央办公厅、国务院办公厅印发了《关于全面加强新时代大中小学劳动教育的意见》和《关于全面加强和改进新时代学校美育工作的意见》。学校结合实际情况、办学理念和育人目标等,努力实现学生发展核心素养的校本化表达,并在此基础上积极调整以学校为本的课程体系,加入劳动教育和美育的培养目标,丰富育人目标。所以学校将原有育人目标进行了调整,加入了"刻刻美行",更加充实和丰厚学校育人体系。

2. 调整课程目标

我校以"核心素养＋学习需求"为导向的学校课程目标表见表1。

表1 "核心素养＋学习需求"为导向的课程目标表

	低年级	中年级	高年级
会学习	掌握低年级文化课程标准规定的要求,具有良好的学习习惯。	掌握中年级文化课程标准规定的要求,形成较浓厚的学习兴趣。	掌握高年级文化课程标准规定的要求,注重学习方法和技巧的实践运用。
展个性	具有一定的兴趣爱好和审美意识,积极参加课外兴趣活动。	通过各种方式和途径,拓展知识视野,积极参加各项社团活动,发挥自己的特长,具有一定的审美能力。	善于学习,养成积极思考的习惯;爱好广泛,培养1—2项特长兴趣,学会展示自我,具有一定创造美的能力。
爱劳动	初步形成爱劳动的意识,懂得自己的事情自己做,做中队的小主人。	明确劳动责任,养成自主劳动的意识。在中队劳动中体会劳动的光荣与快乐。	参与劳动实践活动,走进校外劳动实践基地,进行劳动实践体验,锻炼劳动技能。
勇创新	在学习中观察、探究周围的世界,具有热爱自然、热爱生活的情感;学习积极主动,能独立思考,对问题有自己的看法和见解。	通过多种感官,对周围的自然现象进行思考,加深对学习的理解;形成整理信息的能力并能尝试独立去探究问题的答案。	积极参与课程学习,学习有主见,养成思考问题的好习惯,并有一定的自我判断能力;积极发表自己的观点和看法,有一定的科学求证意识。
知礼仪	初步认识自我,掌握一些调整自己情绪和行为的方法;懂得基本的道德规范和文明礼貌。	学会与人沟通,与他人平等交流与合作;懂得基本的做人道理,形成一定的处事能力。	懂得基本的为人处世准则,具有规则意识和民主观念;形成积极的人生观、责任感,爱家乡、爱社会、爱国家。

续表

	低年级	中年级	高年级
乐运动	积极参与体育活动,初步掌握简单的技术动作;通过广播操、竹竿舞等运动项目的学习,感受体育活动给生活带来的乐趣;会玩1—2项体育类游戏活动。	有参与运动的兴趣和爱好,形成坚持锻炼的良好习惯和健康的生活方式;形成积极进取、乐观开朗的生活态度;基本掌握1—2项体育运动技能。	积极、主动参与体育活动,保持愉快的心情,性格开朗大方,具有良好的身体素质和心理素质;通过国家体质健康测试,掌握2—3项体育运动技能,并逐渐成为特长项目。

(三) 完善以"核心素养＋学习需求"为导向的课程内容

在"核心素养＋学习需求"导向下,课题组对课程内容进行重组,使课程内容回归"完整的人",对照学生的需求做了补充、改进和完善,具体表现在以下方面:

1. 增加学科拓展课程

学科拓展类课程是基于学生核心素养的培养开设的基础课程的小拓展课程,名为"1＋X"学科微课程群。学校严格执行上海市中小学课程方案和计划,开齐开足规定课程;以特色课程建设为突破口,优化课程架构,强化课程管理,深化课程开发,促进学校课程品质的整体提升。

2. 增加主题式综合实践课程

主题式综合实践课程是围绕某个主题,基于学生的核心素养,设计的实践形式多样化的主题活动。如:学校2019年被评为"国际生态示范学校",获得"全国气象示范站""气象特色学校"等荣誉称号;从本校特色出发,加入生态环保的理念,学校设计了"气象百分百"小学主题式综合实践课程;从"我与自己""我与自然""我与社会"三个维度出发,设计了一系列凸显学校气象科普、科技教育特色,构建学校个性鲜明的校本课程体系。"气象百分百"课程除了气象的本意以外,还赋予了"气象"更深的隐含意义,体现在"生活新气象""成长新气象""都市新气象""职业新气象""节日新气象"的方方面面,让学生通过领略不同的风景,激发积极探索的求知欲,促进个性多元化发展。学校构建了内容丰富的主题活动体系,助力学生健康成长。

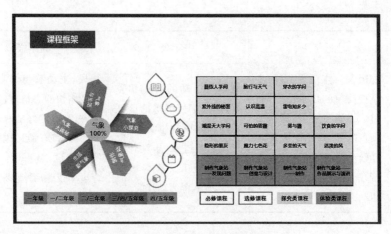

图2 "气象百分百"课程框架

3. 增加学校校本特色课程

校本特色课程是基于学校本位，体现学校教育，多层次满足学生个性发展的课程。本校的校本特色课程体现在三个方面。一是科创课程。学校基于 STEAM 课程理念，拓宽学习平台，比如编程课程，学生用 scratch 软件体验制作动画的欢乐，培养勇于探索的勇气。二是艺术课程，比如书法课程、竹笛课程和民乐课程。三是体育课程，学校开展竹竿舞大课间活动，形成"一校一品"特色品牌；以"普及—拓展—提高"为原则，推动足球、篮球等球类特色项目的发展。"笼子足球"课程也是学校特色课程文化的实践探究，营造了积极向上、生动活泼的校园文化氛围，学生的学习兴趣、实践能力和创造能力得到明显提升。

三、优化以"核心素养+ 学习需求"为导向的课程实施方式

如何优化课程实施方式，课题组从以下两方面着手：

1."四度·雅美课堂"教学探索

学校近年来着力打造"四度·雅美课堂"，在原来的"雅美"课堂基础上，进一步改革实施，科学阐述"四度·雅美课堂"内涵；挖掘南小文化的内涵，以"四度·雅美课堂"作为重点实施项目，促进学生学习品质的提升。通过全体教师的共同思考、专家的指

导,学校从思想的灵性、策略的灵活、语言的灵动、思维的灵慧等方面科学阐述"四度·雅美课堂"的内在含义,从"参与的充分度、训练的广度、思维的深度、目标的达成度"四个维度进行研究,并形成全体南小人共同的课堂愿景。

2. 开展丰富多样化学习方式

实践,是课程最美的语言。学校课程实施方式其实是孩子与社会的美好邂逅,针对不同的课程内容采取不同的实施方式,让学生经历不同的学习体验,丰富学习方式。

课程是灵动的,多样的课程实施方式以课改为载体,学校在课程开发中,做到以师生为主体,以人的发展为核心,以培养创新精神与实践能力为目标,充分利用学校现有的教学特色以及丰富的资源优势,为学校发展、教师专业发展、学生个性发展提供新的舞台,全面落实素质教育,让师生与课改同成长。

四、开展以"核心素养＋ 学习需求"为导向的课程评价

(一) 制订以"核心素养＋学习需求"为导向的课程评价指标

课程评价既要关注学生在数理逻辑、文字分析、语言表述等方面的发展,也要关注学生在发展中的需求。在研究过程中,课题组通过改革评价方法和评价指标,建立促进学生全面发展的评价体系,将学生的潜力和潜能尽量激发出来。

学校采取"炫彩"评价的方式,制订相应的评价指标与标准,借用"豆朋"APP,用大数据助力评价,创出有自我特色的评价方法;还计划采取表现性评价、争章性评价、投票式评价等方式,让学生有兴趣参与进来。

课题组又对"四度·雅美课堂"的教学评价体系进行了完善。学校以学生为学习的主体,以学生的学习需求为评价主体,注重学生在发展中的需求,改革新的评价方法和评价指标,建立促进学生全面发展的"四度·雅美课堂"评价体系,进一步激发学生的潜力和潜能。

同时,学校还对"气象百分百"主题综合实践活动课程进行评价:评价方式融入我校特色"大风车课程评价体系",要求"气象百分百"做到百门课程集百枚风车,并采用自评、师评、互评三位一体的方式进行全面、准确、高效、趣味的评价。

评价体制主要对星级风车的图标进行统计,从各组学生的自主学习、参与程度、团

结合作、完成任务、学习效果等指标引导学生进行小组自评、小组互评、教师点评。

（二）运用不同的课程评价方式丰盈课程架构

"豆朋评价"已经实施多年，在实践的过程中，教学部门一直在完善评价指标，改进评价方式，目的是更好地进行过程性评价。作为学校重点推进项目，我们在"评价什么和怎么评价"两方面持续推进评价改革，从学习兴趣、学习习惯、学习成果三个大方面对学生的课堂表现、作业情况、学习能力、学习效果等方面以争得"豆子"的方式进行过程性评价。

（三）评价结果统计分析，让数据伴成长

学校设计了集风车卡的小书，每学期有自评、互评、师评，记录学生一至五年级的学习经历，集百枚风车，伴学生成长，让学生做最可爱的"南南苑苑"。

五、研究成效

在研究的实践过程中，南小人不断探索，既完善了以"核心素养＋学习需求"为导向的学校课程，又满足了学生多样化的学习需求，促进了学生的个性化发展，还提升了教师的课程执行力，并形成了如下主要成果：《文献集》《七大需求调查问卷集》《七大需求调查报告》、《嘉定区南苑小学课程规划》修改稿、《气象百分百》小学主题式综合活动课程集、《改变与生长》案例集，以及研究专著《大风车课程3.0：逻辑与丰富》和《"核心素养＋学习需求"导向的学校课程深度变革研究》研究报告案例集，且行且探，不断前行。

在《以"核心素养＋学习需求"为导向的学校课程深度变革研究》的引领下，我们进一步探索分析制订学校课程整体规划；构建个性化的育人课程，基于学生的学习需求开发多样化的特色化校本课程；从七大学习需求出发将"教学"升华为"教育"，使课程教学不仅仅只是课堂知识的传授，更是为人的终身发展提供助力，真正发挥课程教学的育人作用；扎实开展"四度·雅美课堂"，聚焦设计实施"气象综合课程"，让所有教师和学生都动起来，跑起来，以丰富的实践活动塑造学生的品格，以有效的教育网络促进

学生的习惯养成,从而提升学生的核心素养!

"大风车"课程3.0关注学生的学习需求,聚焦特色课程资源,为学生提供完整的、丰富的、切实的学习经历,课程选择丰富多样,校内外课程联动融合,凸显了课程多样性、多层面、可选择的特征,在丰富的课程浸润中,满足学生的多样发展需求,实现"雅正品行,尚美人生"的美好愿景。

第一章

独立性学习需求：让心灵成长

独立，让心灵成长。学会独立是生活能力的锻炼过程，也是养成良好道德品质的必经之路，更是决定人生高度的重要因素之一。躲在母鸡翼下的小鸡一生只能在土里刨食，喜欢成群结队的燕雀永远无法飞出舒适圈，只有那独立崖头的雏鹰，不依赖父母，不畏惧独立，终将会扶摇直上九万里，翱翔在无垠的长空。但不是所有人生来就具备独立性学习的能力，课堂仍肩负着培养和提升学生独立性学习能力的重要使命。

决定人生高度的因素有很多，独立性是其中很重要的一点。假如你是一只生活在母鸡羽翼之下的小鸡，不敢独自离开母鸡的视线，即便长大后拥有了结实的翅膀与华丽的羽毛，终其一生也只能在土里刨食，人生的高度止于脚下的土地。假如你是一只喜欢成群结队的燕雀，囿于群居的舒适与安逸，终生追随群体的脚步，永远唯他人是瞻，不敢独自飞出舒适圈，即便眼前有更广阔的天空，人生的高度也只能止于脚下的枝头。假如你是一只独立崖头的雏鹰，不依赖父母，不畏惧独立，冒粉身碎骨之险学会飞行，那么将终有一日同风起，扶摇直上九万里，人生的高度是无垠的长空，永无止境。

动物如此，人亦然。独立性学习是高阶思维和能力发展的重要方式，人们对独立性学习有着强烈的需求，但不是所有人生来就具备独立性学习的能力，那么如何满足儿童及青少年的独立性学习需求呢？应以学校教育为主阵地，课堂仍承担着培养和提升学生独立性学习能力的重要使命。培养学生的独立性学习能力也是发展学生核心素养的重要途径，学生在这里，通过独立自主地学习，学会求知、学会做人、学会健体、学会审美、学会劳动等，具备与现代社会需要相适应的学习、生活、交往、生产以及不断促进自身发展的核心素养。

▌ 核心观点 ▌
独立学习是自主学习的核心

社会是人的社会，社会的现代化发展必然对人的发展提出新的要求；而为了适应社会的发展，人也必然产生与之对应的学习需求。本课题将独立、自主学习这种现代教育亟待的能力与学生的学习需求结合起来，提炼出基于社会发展需要的独立性学习需求，它体现了社会发展需要与个体发展需要的统一。

一、独立性学习需求的"政策语境"

联合国教科文组织早在 1972 年发表的论著《学会生存》中明确指出：未来的学校必须把教育的对象变成自己教育自己的主体。受教育的人必须成为教育他自己的人；别人的教育必须成为这个人自己的教育。① 在社会发展的进程中，教与学的主体地位正在发生变化，现代教育更注重"自学"原则。独立、自主地进行学习是当代学生必备的素养和能力。

自主发展是学生核心素养的基本面之一，重在强调学生能有效管理自己的学习和生活，认识和发现自我价值，发掘自身潜力，有效应对各种复杂情况，从而发展成为有明确人生方向、有生活品质的人。其中一大素养为学会学习，具体包括乐学善学、勤于反思、信息意识等基本要点。②

可以看出，不论是联合国还是我国的教育教学政策都强调了独立、自主的学习能力对于人发展的重要性。独立性学习需求必然是学生学习需求的重要方面。

二、关于独立性的研究

从人性的角度来说，人可以看作是独立性与依赖性的统一。

---

① 质先.学会生存——教育世界的今天和明天[J].北京成人教育,1983(04):29.
② 《中国学生发展核心素养》发布[J].上海教育科研,2016(10):85.

心理学认为，人的独立性旨在意志的独立性，是指人的意志不易受他人的影响，有较强的独立提出和实施行为目的的能力，它反映了意志的行为价值的内在稳定性。遇事有主见，有成就动机，不依赖他人就能独立处理事情，积极主动地完成各项实际工作的心理品质，它伴随勇敢、自信、认真、专注、责任感和不怕困难的精神。

关于学生的独立性，江山野认为包含四层意思。第一，每个学生都是一个独立的人。第二，每个学生都是独立于教师的头脑之外，不以教师的意志为转移的客观存在，因此不能以教定学。第三，每个学生都有一种独立的倾向和独立的要求。第四，每个学生，除有特殊原因者外，都有相当强的独立学习能力。[①]

综上所述可见，每个学生都有一定潜在的独立学习能力，都有进行独立学习的欲望。故教师能树立正确的学生本位意识为学生创制机会，从而满足学生独立学习的需求，逐步激发培养学生潜在的独立学习能力，是一个重要的教育理念。

三、关于独立性和教与学关系的研究

余文森教授认为，传统教学建立在学生依赖性的基础上，最终学生摆脱不了依赖性，缺乏独立、自主学习的时间和空间。现代教学应该是一个先学后教，以学定教的模式，并建立在学生独立性的基础上。故强调学生要摆脱对教师的依赖，独立开展阅读、思考乃至作业活动，自行解决能够解决的问题。在这里独立性既是出发点又是归宿。[②] 余教授还指出这种教与学的关系，即由依赖性向独立性转变的过程是循序渐进式的。

余文森、王永、张文质认为，从教与学的关系来说自主学习的实质就是独立性，独立性是自主学习的灵魂。[③]

吴国平认为，独立学习是自主学习的核心，这种独立性表现在"我能学"，而不仅仅是"我要学"。自主学习需要建立在独立学习的基础上，学生独立学习思考是合作学习

---

① 江山野. 教师的"学生观"和学生的"两重性"[J]. 教育研究，1981(1)：85—87.
② 余文森. 先学后教：中国本土的教育学[J]. 课程. 教材. 教法，2015，35(02)：17—25.
③ 余文森，王永，张文质. 让学生发挥自学潜能让课堂焕发生命活力——福建省中小学"指导—自主学习"教改实验研究总结[J]. 教育研究，1999(03)：58—63.

的前提与基础，合作学习应是独立学习的补充和发挥。

四、与独立性相关的理论研究

独立学习理论是美国远距离教育家魏德曼尔在长期的研究和实践的基础上，提出的有别于传统的集体学习模式的一个新概念。[①] 他认为，独立学习是一种旨在促进学习者行为变化的学习方式，学习者对学习结果进行自我判断、自我负责独立学习并由六个特征假设构成：即教师的教学活动与学生的学习活动分离；教学是通过各种传播媒体进行的；教学是个别进行的；学习是在学生自身环境条件下进行的；学习是通过学生自身活动实现的；学生对自己的学习时间和进度拥有自主权。[②]

认知建构主义学派代表人弗拉维尔认为，自主学习是学生根据自己的学习任务和学习能力积极调整学习策略的过程；社会学习理论学派代表人物班杜拉认为，自主学习本质上是学生根据各自的学习预期和计划来调节和控制学习行为的过程；齐莫曼认为，在学生积极参与元认知的过程中，其学习就是自主的。[③]

目前，保尔·朗格朗关于终身教育的相关论述已被世界各国普遍接受。其认为："事实上存在着许多种教育，而个性化教育在其中居于重中之的地位。"[④]个性化教育要求实施自学原则、主动学习原则，学习者根据自己发展的要求、兴趣、必要性，自主地成为教育对象。

① 李红燕，林世员. 基于独立学习理论的网络教育预约式教学模式研究[J]. 石油教育，2013(04)：93—96.
② 谢新观. 远距离开放教育词典[M]. 北京：中央广播电视大学出版社，1999：08.
③ 庞维国. 论学生的自主学习[J]. 华东师范大学学报(教育科学版)，2001(02)：78—83.
④ 刘雅丽. 终身教育与终身学习的现代思考[M]. 长沙：湖南人民出版社，2008：24.

▎课程建构▎
发掘学生的独立性学习潜能

独立性是儿童个性发展中不可缺少的思维品质。独立性需求包含几个关键词。第一,自主。学生作为学习的主体,学生自己做主,不受别人支配,不受外界干扰,通过阅读、听讲、研究、观察、实践等手段使自身可以得到持续变化(知识与技能、方法与过程、情感与价值的改善和升华)。第二,自控。自控力是积极心理品质中非常重要的一项,培育自控力也是由他律走向自律的一个发展过程。第三,自知。教师要允许学生尝试和争辩,帮助学生打破思维定式,挑战权威定论,深入质疑创学,合作探究创新,学以致用创造。

独立性学习需求的课程框架图见图1-1。

图1-1 独立性学习需求的课程框架图

南苑小学在雅美教育的文化熏陶下,进一步更新课程理念,充分考虑学生的独立性学习需求与情感体验。"小小建筑师"课程侧重培养学生独立性思考能力,提议给学生"留白"。"用剪刀玩艺术"课程善于挖掘学生的动手能力,让学生以独立自主的学习方式适应学习时代。"艺术赏析美"课程从艺术的角度,培养学生树立独立见解,培养学生独立思考的能力。"'棋学乐'塑造人格美"课程帮助学生逐渐学会按自己的意见、观点来判断和分析问题,真正做到独立分析和解决问题,学会控制不良情绪,增强积极的情绪体验。此外,还有如手工编织课程等课程。

课程创意 1-1 小小建筑师

在小学美术课堂中，创新能力作为五大核心素养之一，一直是许多一线教师关注的焦点。平时，在我们身边不乏"人云亦云"的学生，即使他们文静听话，但是他们在学习时习惯于被动地接受知识，在美术课上也一样暴露出他们不动脑筋的问题。比如联想绘画，他们要不就"复制"范例，要不就"抄袭"同桌，没什么自己的想法。同时，我们身边也同样存在爱思考、爱发言的学生，他们坚持自己独特的见解，虽然他们可能调皮好动，但每次作品都让人有眼前一亮的感觉。

我认为他们的差别，就在于是否具有独立性思考能力。美术学科的五大核心素养之一就是要创意实践；机械式的操作只是锻炼了动手能力，而非动脑能力。特别是在当下这个时代，更是要保持独立思考，不要随波逐流，不要固执死板。

都说，艺术源于生活，现在的孩子接触世界的途径很广泛，只要引导他们多观察一下生活，就能获取不少素材和灵感。我就以趣味拼贴画"小小建筑师"为例阐述我是如何培养学生的独立思考的能力的。

"咔嚓""咔嚓"，接二连三的剪纸声充斥着整间教室。原来正上着美术拼贴课，同学们为了完成作品，一个个忙着把自己的设计稿剪下来，再按照顺序粘贴在一起。

那是任教一年级下学期时，为了与云南教师团交流学习，我准备了一节美术拼贴课——"小小建筑师"。为了导入教学内容，我准备了一段介绍上海高楼的影片，熟悉的建筑立马吸引了学生的目光。接着我表明本节课的学习目标：知道建筑物造型可以用不同的多种形状概括；学会用剪、拼、贴的组合技巧，"造"出有前后、高低的大楼。为了帮助学生弄明白重、难点，我事先做好了几个范例，在投影仪上边说边展出。在了解了制作步骤以后，学生们纷纷动起手来。因为美术是需要实践的，于是，这节课上我预留了一大半的时间给学生去动手实践。

在他们拼贴的过程中，我就在教室内巡视指导。我经过观察发现，不少同学是先思考设计再动手制作，甚至部分学生还考虑到了颜色的搭配。但是我也发现了一种情况不太妙：照搬教师范例或者偷抄周边同学的想法。小萱是一个文静可爱的女生，每次美术课她都专心听讲，把上课的一些知识点牢记在心。每次她都很细心地按照要求完成作业，但是美中不足的是没让人有惊喜的感觉。此时，小萱正在小心翼翼地剪着彩纸，我过去一看，建筑的设计意图和我的范例十分相似，这也就意味着她并没有多加思考，只是一味地模仿。虽然本节课的难点是注意拼贴的先后顺序，但是既然要做"小建筑师"，怎能没有自己的想法呢？我一开始有想过批评她几句，让她好好开动脑筋，不要抄袭。但是转念一想，这也许是她的"向师性"罢了。所谓"向师性"是指学生模仿、模仿、趋向教师的自然倾向。我把完整的作品呈现出来时，学生就很可能受我的影响，局限了思维方向。我不应指责她，而是该试着启发她。所以，我拿着一幅范例走到她身边，指着其中一幢问她："你觉得这幢楼像什么呀？"她看了看说："像一支麦克风，也有点像一支甜筒冰淇淋。""说得很好呀，你很有想象力，造房子也不一定是要规规矩矩、四平八稳的，可以把你喜欢的东西改造成楼房。你是建筑师，你说了算！"小萱停顿了片刻，点了点头。我也不想给她压力，就转身指导其他学生去了。再一次经过小萱身边的时候，原本普通的外形已经改变了，取而代之的是一幢幢"花朵"大楼。她跳出了固有的思维，把自己的建筑群设计成了一个"花园"。

交流评价的环节中，我请小萱上来讲讲自己的作品是如何设计的。她思索一番后开口道："我很喜欢花，所以我想到了荷花、雏菊、玫瑰等，我把它们加上窗户和门，就变成了一幢幢大楼。而且这些'花瓣'也有预报天气的作用，天气晴朗的时候，它们就绽放开来，阴天的话就合拢。它们也能吸收太阳能，净化雨水，为大楼提供电和水。"话音刚落，同学们都不由自主地鼓起了掌，我也很惊喜小萱原来是这么有想法的学生。

原本我习惯于提供给学生完整的范例以供参考，但经过这一回，我发现教师太过"包办"，会给不愿多动脑的学生"钻空子"的机会。技法的提高很重要，独立思考却也是能力的体现。教师不能塞得太满，一满学生的兴趣与自信就会被压制。想要学生发挥出自己的特色，就应该更多地"留白"教育。正如这次对小萱，我只是几句话而已，就激发出了她的想象，表现出了与平常截然不同的样貌。

"善教者多留白。"如果我们在教育过程中多注重"留白"，他们就会多一些独立思考的时间，多一些获取智慧的机会。

（上海市嘉定区南苑小学　罗芸）

课程创意 1-2 用剪刀玩艺术

学习是通过学生自身活动实现的。因此，独立性学习体现了一个个体通过某种途径提升自己独立性的过程，而其中的途径就是不同的实践形式。

剪纸艺术是我国古老的民间艺术，距今已有 1500 多年的历史。它有美妙的图案、精湛的技法，具有独特的审美价值和使用价值。因而，这一艺术形式从古到今，几乎遍及我国的城镇乡村，深得人民群众的喜爱。而对于学生而言，他们具有一定的动手能力，但是，可以让他们动手实践的机会少之又少，从而阻碍了孩子们对于实践的需求。相比文理科类的课程，这一类有关实践性的课程更能吸引孩子们的注意力，也符合孩子们发展过程中的学习需求，同时也有利于其核心素养的提高，继承和弘扬民族艺术文化，有效地培养审美素养、创新精神和实践能力。

教学片段一：欣赏导入

1. 配乐播放剪纸作品，教师介绍剪纸艺术的历史和发展。

2. 学生通过欣赏，交流感想。

3. 师：这一张张剪纸作品背后，需要哪些工具完成？

预设：彩纸、剪刀、小刀等。

4. 教师介绍工具以及用法，学生建立安全意识。

师：在利用这些工具完成作品时，我们需要注意哪些安全规则呢？

预设：

① 使用剪刀时，要看着剪，不能东张西望，以免伤害自己。

② 使用剪刀或者小刀时，不能对着其他小朋友。

③ 安全取放剪刀和小刀，不能随意放置。

教学说明：在学生独自利用剪刀和小刀前，使其建立相关的安全意识，让学生意识到这些工具都具有一定的安全隐患。学生的年龄尚小，没有一定的调控能力，因此，教师在课程的初始阶段，就要给学生灌输一定的安全知识，使学生建立安全小贴士，知道在利用活动工具的时候要保护好自己、不伤害他人,要小心谨慎,遵守规则。这也是一个独立性学习的过程。

教学片段二:剪纸活动

1. 教师边示范边板书剪纸步骤,提点相关注意事项:

① 构图　② 刻去阴影　③ 剪外形　④ 整理粘贴

2. 学生根据主题,制定步骤。

3. 教师巡视,适当辅导学生。

教学说明:教师通过教授剪纸的技巧方法以及剪纸步骤,给予了学生一定的规则意识以及正确剪纸的能力培养,符合这个年龄段的孩子认识学习一门技巧的发展顺序,培养学生独自完成一项任务的能力。孩子知道首先需要制定步骤,再按照顺序循序渐进,在亲手实践的过程中,再加上教师巡视中的提点,谨慎自律、安静守纪这两项核心素养在无形中慢慢生成。

教学片段三:评价反思

评价单姓名:					
评价要素	细则要求	得分评定			
		自评	组评	师评	
剪纸兴趣	喜欢动手实践,喜欢剪纸艺术。	☆☆☆☆☆	☆☆☆☆☆	☆☆☆☆☆	
谨慎自律	1. 能在上课时认真听讲、自我掌控。 2. 在剪纸操作时,懂得安全操作、小心谨慎。	☆☆☆☆☆	☆☆☆☆☆	☆☆☆☆☆	
安静守纪	能遵守纪律与规则,安静、独立完成剪纸作品。	☆☆☆☆☆	☆☆☆☆☆	☆☆☆☆☆	
创新情况	创作出的作品具有一定新意。	☆☆☆☆☆	☆☆☆☆☆	☆☆☆☆☆	
摘星数:					
我这样评价自己:					
同伴眼中的我:					

多形式的评价可以说是对孩子课堂表现的一种综合性评价，不仅是孩子对自己的一种自我检查和自我反思的形式，也是自我提升的一个过程，同时也可以看作是小组成员以及教师对于孩子表现的一种认可程度，可以说是鞭策，让孩子认识到实践过程中哪些方面还需要提升；也可以说是一种鼓励，提升实践过程中的核心素养并且体会实践带来的乐趣。

传统教学建立在学生依赖性的基础上，最终学生摆脱不了依赖性，缺乏独立、自主学习的时间和空间。学生是学习的主体，自主发展是学生核心素养的基本面之一，其中一大素养为学会学习，具体包括乐学善学、勤于反思、信息意识等基本要点；重在强调学生能有效管理自己的学习和生活，认识和发现自我价值，发掘自身潜力，有效应对各种复杂情况，从而发展成为有明确人生方向、有生活品质的人。在本课中，教师不是一味地手把手教学生如何剪纸，而是将自主活动的空间交还给学生，在实践过程中，独自构图、刻去阴影、剪外形、整理粘贴。

每个学生都有一定潜在的独立学习能力，都有进行独立学习的欲望。故教师应树立正确的学生本位意识为学生创造机会，从而满足学生独立学习的需求，逐步激发培养学生潜在的独立学习能力。"用剪刀玩艺术"这门课程的学习内容涉及小学各学科的知识领域，可以说是一门综合实践课程。如今社会对于实践性的学习关注度日益上升，它是基于各学科基础知识之上的学习活动。在科学技术不断进步，社会生活方式不断变革的时代背景下，我们教师要有效地开发和利用课程资源，组织和引导学生开展综合实践活动，在活动中培养他们的综合实践能力、创新精神和探究能力，在实践活动中提升学生的核心素养，使其以独立自主的学习方式适应学习时代、信息社会的要求，适应终身发展的需要。

（上海市嘉定区南苑小学　何晟娴）

课程创意 1-3　艺术赏析美

基础教育应满足孩子们活跃思维的心理需求，提高其核心素养。首先要定义，什么是"素养"。"素"是朴素,即没有装饰,没有雕琢,与生俱来的东西,自然而然成长起来的就是"素养"。该如何高效地培养学生的核心素养?独立性学习是走向核心素养的重要途径。

所谓独立性学习,就是指在教师引领下,学生围绕具有挑战性的学习主题,主动地全身心积极参与、体验成功、获得发展的有意义的学习过程。在这个过程中,学生掌握学科的核心知识,理解学习的过程,把握学科的本质及思想方法,形成积极的内在学习动机、高级的社会性情感、积极的态度、正确的价值观,成为既具独立性、批判性、创造性,又有合作精神,基础扎实的优秀的学习者,成为具备核心素养的未来社会历史实践人。

我校开发的艺术赏析课程密切关注核心素养。其中,"我心中的森林"是一堂特殊的艺术赏析课程,它把音乐美术穿插在一起进行教学,耳目一新、别开生面,艺术如此深度融合创新,学生学得主动,参与热情也很高。"我心中的森林"的课程设置思路是让孩子们用缤纷的画笔画出清晨森林中的动人歌声,这才是艺术教学的本真状态,音乐与绘画结合展示出快乐学习和随心创作,完善了孩子们对自然渴望的心理需求。课程从课程建构理念、课程建设整体构想、课程设置思路、课程实施方案、课程评价方法指出具体做法及收获,核心是:要继续丰润核心素养,为孩子成长提供更多的可能而努力! 这堂艺术课的核心素养的关键是教师素养,教师应重视培养学生的阅读、思考和表达能力。核心素养要求教师具有积极的生命情态,充满生命力,对社会有责任,对生活积极乐观,具有教书育人、兼济天下的情怀,培养学生健康身心、高雅气质以及顽强的毅力。

我校开发的古诗赏析课程也不乏对孩子健康心理的培养。通过赏析课程的开发与学习,我们也能感觉到,好课堂能让师生彼此成就、共同成长。王勃在《滕王阁序》写道:"落霞与孤鹜齐飞,秋水共长天一色。"李白写道:"飞流直下三千尺,疑是银河落九天。"孔子面对奔腾不息的黄河水,发出感叹:"逝者如斯夫不舍昼夜!"老子又说:"上善若水泽被万物,水利万物而不争,处众人之所恶。"教师的心理健康课围绕着核心素养的积极心态,符合学生心理发展的需求,让学生拥抱压力,展翅远航。核心素养的载体就是课程内容本身的魅力,学生感受到了课堂的有趣,愿意主动、互动参与课堂;学生感受到了课堂的趣味,而非被动接受。趣味性拉开课堂帷幕,青蛙跳水的游戏、吹气球游戏、珍惜每一滴水的活动,游戏简单,趣味性强,学生充分参与。课堂本身魅力和教师自身的魅力,是核心素养培养的载体。

对于心理健康课堂而言,核心素养就是学生积极心态的培养。当前中小学生面对学业以及人际交往中的烦恼,缺少正面积极的引导。我校有一堂与心理健康密切相关的课程"吹出最完美的气球"就是从奥斯特洛夫斯基的名言谈起:人的一生应该怎样度过,当他回首往事时,不因虚度年华而悔恨,也不因碌碌无为而羞愧。精彩的课堂生成是最美的风景,压力到底是朋友还是敌人?课堂从吹气球开始,学生吹出自己认为的最完美的气球。不论是一开始选择气球的颜色,还是吹出的大小、形状,教师都对学生的表现给予了充分的肯定。孩子在回答消除压力的方法时,有人说倾诉是好方法,有人说睡一觉就忘了,又或是把事情向好的方向想,听音乐,吃东西,跑步健身,等等。发泄的方式要正确引领,有位同学说可以揉碎超市里的方便面,老师及时纠正。孩子最后表达出和压力友好相处的观点:压力你好,一次不能太少,压力中体验成功的喜悦、自尊;压力先生,很高兴与你交朋友,感谢填补空虚生活,感谢你我的朋友;让压力来得更猛烈些吧!压力你是我前进的动力!压力不是坏人,没有压力的生活是白开水,有压力的生活就是可乐。孩子把课堂上的减法训练比作发射炮弹,游戏从紧张到刺激,趣味中不乏人生大道理。

教育培养的人是什么样的,在他成为这个世界未来的主人时,未来的世界就将会成为什么样的。老师和家长的生活方式决定孩子的生活方式。改变思维,以积极的心态来面对我们的生活。未来社会呼唤具有独立性的人,这就要求我们的学生从小要敢于质疑,要有独立见解,能独立思考,不唯书不唯上,不人云亦云,具有独立意识和独立能力。

(上海市嘉定区南苑小学　王抒雁)

课程创意 1-4　"棋学乐"塑造人格美

21世纪的社会是倡导自由、民主、平等和正义的社会,提倡对独立人格的追求,对自由人性的张扬。作为一线教育工作者，我们的首要任务是努力使我们的学生长大后能经得起社会激烈竞争的考验，使他们能够成为自己命运的主宰者，进而在激烈的社会竞争中脱颖而出，大显身手，从而推动国家与社会不断发展进步。因此，我们要培养学生的独立人格，使他们在学习、生活上呈现出独立自主，奋发向上的精神面貌。

眼下，大多数孩子都是家里的小霸王、小宝贝。家里的大人总认为"他们还小"，最大程度地为他们包办着一切，尽管在家长的安排下，有些孩子成绩优秀，多才多艺，但他们存在不能独立生存、缺乏自主意识、与家人分离易焦虑、难以适应新环境、无法较好掌控自己的情绪、不敢表达与他人冲突的需求和价值观等问题。他们就像经不起风吹雨打的"温室里的花朵"，对他人有强烈的依赖心理：遇事优柔寡断，缺乏自信和主见，希望老师或父母替他做决定，如果缺少他人的帮助就会感到不知所措，无法适应。依赖程度严重的孩子将会出现焦虑、抑郁等心理障碍。

究其原因，我认为孩子缺乏自主意识与独立能力，一方面与过度依赖大人、父母过分照顾有关，家长溺爱孩子，事无巨细地为孩子代办一切，无形中剥夺了孩子独立思考、独立行动的权利，成为孩子成长路上增长解决问题的经验与能力的绊脚石，使孩子失去了独立发展的机会，无法形成自主、独立的观念和能力。

另一方面，少数孩子过分依赖网络。近年来，越来越多的孩子沉迷网络，爱玩网络游戏。具体说来，他们以上网为生活中最大的乐事，在学校感到心神不定、情绪不振、坐立不安，上课注意力不集中，对学习和集体活动都失去兴趣，但一回到家就上网玩游戏、聊天，满血复活，浑身有使不完的劲，因此他们无心自己的生活与学习，"懒惰""依赖"逐渐成为他们的代名词。

如何通过学校教育培养学生的自主意识，实现自我管理呢？我们根据学生特有的身心特点、成长视野和兴趣爱好，凝心聚力共同设计了"棋天下"实践活动课程、"经典诵读"国学精粹赏析课程、"乐童雅乐"艺术展示等系列课程。

一、"棋天下"课程教导学生学会独自"上场"，独立思考

下棋跟其他游戏有相似的地方，那就是必须遵守游戏规则，严守本分，而它的独特之处在于，孩子只能用棋盘上的战斗来证明自己的实力。

国际象棋很受三年级学生的欢迎。它是个胜负的游戏，也是个公平的游戏，孩子

与对手一样。同等的规则,同样的起点,每一局棋,要想战胜对手取得胜利,就只能自己动脑筋。每一步棋,都是他自己思考后行棋的,后果只能他自己来承受。这步棋下错了,被对手吃子,有的学生会急得直掉眼泪,但哭完之后还得继续下。但是他知道了棋盘上没有人能帮助自己,只能依靠自己,以后每一步棋都要更加慎重地思考。这盘棋,他想方设法打败了更强大的对手,就会渐渐明白自己独立思考如此重要。胜利的关键因素就是自己,他会把胜利的喜悦和爸爸妈妈一起分享。

随着下棋的训练时间越来越长,胜负本身已经不重要,国际象棋的魅力会吸引学生让自己每一步更完美,棋盘上养成的习惯会让他延伸到生活之中,他们渐渐会明白,人生的每一步也只能自己独立去思考,去塑造自己良好的个人修养。

二、"经典诵读"课程教育学生学会自力更生、独立自主

在一次"经典诵读"拓展课上,唐老师给孩子们讲了关于郑板桥教育孩子的一个小故事——

话说,郑板桥晚年得子,自然对儿子很疼爱,却从来不溺爱。他并不想为儿子留下多少钱财,他所担忧的不是家中产业太少,而是担心儿子的肩不能挑担,手不能提篮,又不会干工匠活,缺少谋生的手段,没有立身处世的本领。于是当他病危之时,便把儿子叫到床前,说自己要吃儿子亲手做的馒头。儿子觉得很奇怪,但父命不可违,只好勉强答应,心中却叫苦不迭,因为他根本不会做。父亲看出儿子面有难色,便叫他去请厨师做指导,但明确交代,只许儿子亲自动手做,绝不能直接由厨师代劳。儿子请到了厨师,先从和面揉面学起,然后才学着怎样做馒头,直弄得腰酸背痛,满头大汗,真是费了九牛二虎之力,才算把馒头做成。等到馒头蒸好以后,高高兴兴地送到病榻前,这时郑板桥却早就断了气。儿子哭着跪在床边,忽然发现茶几上有张纸条,拿起来一看,只见上面写着这样的话:"淌自己汗,吃自己饭,自己的事自己干,靠天、靠地、靠祖上,不算是好汉!"到这时,儿子才明白父亲临终时要他亲手做馒头的用意,原来是教他学会自力更生,不能依赖他人或祖业过活。

学生们听完这个故事,纷纷表达自己的想法,尤其对那句话"淌自己汗,吃自己饭,自己的事自己干,靠天、靠地、靠祖上,不算是好汉!"深有感触,并暗自下决心自己的事情自己做,学会独立自主,不做温室中的花朵,开创自己的一片蓝天!

三、"乐童雅乐"课程培养学生独立坚强、坚持不懈的精神

"乐童雅乐"民乐兴趣课程是我们学校的一大特色课程，每年都会举行一次民乐修身展示活动。当学生们站在光彩夺目的舞台上尽情展示自己才华时，他们的喜悦与自豪之情溢于言表。俗话说，台上一分钟，台下十年功！但他们的民乐学习之路也充满枯燥与乏味，艰苦与辛酸！其中有一个孩子在她的日记中这样写道："刚开始练琴时，我兴致很高，每天放学就冲向琴房练琴，听着一个个音符在我的手指下流淌，心里乐开了花。一段时间过去了，新鲜劲一过，我就有点坐不住了。这时，老师对我说：'万事开头难，做任何事情一定要有恒心。'在老师的鼓励与陪伴下，我慢慢地从最简单的音阶到整首曲子的练习，冬练三九，双手冻得通红，特别是在练摇指的时候，手指就更疼了，我忍着不喊苦；夏练三伏，汗流浃背，有时因为放学赶时间去学琴，连饭都来不及吃，我就一边听着肚子咕咕叫，一边弹拨琴弦，让美妙的乐曲驱赶难受的饥饿。三年来，看着一起学琴的同学，一个一个中途退学，而我风雨无阻，从没有落下一节课，倍觉自豪。当今天精彩的表演赢得雷鸣般掌声时，我觉得辛苦的付出得到了回报，再苦再累也是值得的！我更加懂得了人生路上要学会独立坚强、永不放弃的品格，这样才能赢得更多的掌声！"

依托"棋学乐"活动课程载体，学生逐渐学会按自己的意见、观点来判断和分析问题，真正做到具备独立分析和解决问题的能力，并且学会控制不良情绪，增强积极的情绪体验，并且在积极感受活动带来的乐趣与成就中自觉抵制不良习惯与不良风气的诱惑，养成"想学、爱学、乐学"的良好学习习惯，使人格素质趋于完美，为创造卓越和辉煌的人生打下坚实的基础！

（上海市嘉定区南苑小学　商东霓）

课程创意 1-5　　多彩编织　快乐源泉

中国手工编织历史悠久，是中国劳动人民文化宝库中的一朵奇葩。劳动人民运用各种材料，通过手工劳动，编织出各种各样手工作品。近年来手工编织的各种围巾、披

肩、手套、成衣、工艺品在国际市场上深受青睐，由于纯手工的制作一个工作日才能完成少量的作品，无法大量生产，商品凝聚着大量的劳动价值，已经引起了抢购手工编织物的热潮。手工编织是一种体现中华民族传统文化的古老艺术，它所编织出来的各种作品有着无穷的魅力，五花八门的个性编织作品，让世界一流服装大师也为之兴叹，而各位编织大师在各种花色、线质、艺术的编织中享受到手工劳动的原始快乐。

本课程的理念是：多彩编织，快乐源泉。借助孩子好动的天性，将其眼手脑有效结合，激发孩子对中国传统文化的热爱之情，在"做"中运用自己的感觉器官去认识客观世界，并通过各种实践活动来检验对事物的感知是否符合事实。学生的动作技能和心智技能都是通过"做"形成的，他们的兴趣、动机的形成，情感意志和道德品质的培养也都是通过"做"进行的。在手工编织的过程中，学生培养了独立的品质，启发了独立思考的能力。

本课的教学内容是编织自己喜欢的小动物。毛线如何钩织小动物呢？很好奇吧，这次教大家钩织小动物的方法，基本步骤是先头，后身体，然后四肢。五官可以用自己喜欢的颜色缝。老师把步骤先呈现：第一行，圈起，6针短针；第二行，每一针都要加两针，即一共12针；第三行，每隔一针，要加一针，即一共18针；第四行，每隔两针，再加一针，即一共24针；以此类推，一直钩到第六行的每隔四针，加一针；第七行到第十四，不加针，只钩短针。基础针结束以后，学生掌握了技法，就可以按照自己喜欢的小动物造型，进行编织，独立进行创作。当完成作品的时候，学生的成就感就油然而生了。

在本课程中，学生充分发挥了独立创作的能力。毛线编织主要有上针、下针、加针、并针等多种，只要熟练地掌握这些基础针法，就可以编结出无穷无尽的花样。编织时，应根据不同的毛线种类、穿着对象、结构款式、穿着要求、季节变化等，来选用不同的图纹花式，还应准确地量好胸围、身长、肩宽、袖长、袖口等主要部位的尺寸，按照毛衣的结构来进行编织，这样才能得到美观、舒适、合体的效果。毛线还可以编织款式不同的围巾、披肩、帽子。我们可以手织围巾、毛衣、坎肩等赠送给我们的亲朋好友，体现

我们的真诚和创意。本课程充分体现了以下要素:

1. 示范教学

通过教师分析示范,学生掌握编织要领。对于刚接触编织的学生来说,先通过聆听教师的解说、分析,再观看示范这样的步骤,能更快理解编织的要点。例如,在上课时,老师要运用简单易懂的语言深入浅出地帮助学生理解;通过 ppt、投影仪展示,将针法的细节重点放大,使学生看得更清晰;设计一些同学互教互动环节,让学生"在练习中探索,在探索中进步";通过多元评价,引导学生独立地积极参与学习活动。

2. 针法练习

注重学生的亲身实践,为创作打基础。课堂上,教师注重并加强学生的针法练习,引导他们通过仔细地观察针法的运行,手指的拿捏方法,走线的方式等,慢慢地能不再完全依赖教师的指导,较独立地去钩出各种针法。通过平日的练习,让学生在活动中体验,在体验中感悟。基础针法的熟练及手指的灵活运用程度对创作有极大的帮助,学生能从基本单一针法跨越到多种针法合并操作,很大一部分仰仗于对针法的熟悉度,只有不断地练习,把各种针法的技巧了然于胸,才能在创作时熟练地运用。

3. 艺术创作

养成独立创作的能力,从简到难。学生刚开始的时候,对于创作感到很头疼,无从下"针"的情况很多,所以一开始从最简单的针法开始单独创作,例如:从辫子针、短针、长针等独立编织,到最后将三种针法整合在一个作品中体现。在逐渐加深难度的同时,教师指导学生注意作品的整体性,设计完整的场景,运用不同的针法及丝线颜色来体现场景,最后将作品粘贴装裱起来。

4. 展示分享

以学生为主体,培养展示交流能力。在展示交流的过程中,我们可以融入评价环节。运用学生自评来使学生学会反思与总结。运用教师评价指导学生的自主、合作学习过程,激励学生的求知欲望,建立学生学习的信心,激发学生的兴趣。运用学生互评来使学生完善自主、合作学习的方法,促使学生建立正确的伙伴关系,促使学生学会欣赏与赞美,学会探讨与沟通。

(上海市嘉定区南苑小学　张佩英)

▌ 问卷设计 ▌
培养提升独立性的有效方式

自主发展作为学生核心素养的基本面之一，需要教师在课程研究与实施的过程中，设计培养学生独立性学习能力的教学环节，在此基础上通过教育教学过程的细化与深入，逐步引导学生形成有效管理自己学习和生活的能力，并在此过程中认识和发现自我价值，发掘自身潜力，提升学习品质与核心素养。基于以上出发点，本课题组结合本校教师队伍实际，设计以下教师问卷：

尊敬的各位老师：

你们好！

本次问卷调查是为了在我们学校开展关于《以"核心素养＋学习需求"为导向的学校课程深度变革研究》这一课题的研究，请老师们积极配合这一课题的研究。感谢您的参与！

1. 在学习生活中，你认为学生是否应该具有独立性？（　　）

A. 是的　B. 没必要

2. 你认为作为教师，该从哪些方面培养学生的独立性？（　　）

A. 学习习惯与态度　B. 为人处世的方式　C. 道德品行的修养

3. 日常学习中，你认为通过教学是否能提升学生的独立性？（　　）

A. 能　B. 一般　C. 不能　D. 说不准

4. 你认为可以通过哪些方法提高学生的独立性？（　　）

A. 自我训练　B. 他人督促　C. 榜样力量　D. 奖惩机制

E. 其他_____

5. 当你看到学生在抄作业时，你的做法是什么？

A. 十分严厉地批评　B. 耐心询问抄作业的原因　C. 当作没看见

6. 你是否允许学生互相问问题,一起做作业?

A. 允许　B. 不允许　C. 看情况

7. 关于如何指导学生进行独立性学习,您有哪些合理化建议呢?

_____

示例:

① 完善班级管理制度和奖惩机制,为培养学生独立性学习建立针对性制度。

② 优化班级小组,使学生能够在小组分工与互相监督中学会独立。

③ 加强家校沟通,追求家校合作,强化训练结果。

独立、自主的学习能力对于人的发展至关重要。独立性学习需求必然是学生全面发展、提升学习素养的重要组成部分,体现了个体发展需要与社会发展需要的统一。为了更切实地了解学生真实的独立性学习现状,同时更全面地了解学生对独立性学习的真实需求,本课题组结合本校课程体系,设计以下学生问卷:

亲爱的同学:

你好! 这是一份有关你们自己的调查问卷,你的意见相当宝贵,请如实填写,谢谢参与!

性别(　　)　年龄(　　)　年级(　　)

1. 你知道学校的校本课程吗?(　　)

A. 知道　B. 有一定了解　C. 不知道

2. 作为一名学生,你觉得独立学习重要吗?(　　)

A. 重要　B. 不重要　C. 不知道

3. 你认为自己是否做到了独立学习？（　　）

A. 肯定做到　　B. 做得不是很好　　C. 还没有做到

4. 如果教室里有两个人或者三个人，你认为应该做什么？（　　）

A. 和别的同学聊聊天　　B. 自己学习、写作业

C. 和其他同学一起学习

5. 你认为可以怎样培养自己的独立性学习方法？（　　）

A. 在学习中培养　　B. 在班级管理中培养

C. 在家庭生活、实践中培养

D. 其他_____

6. 你觉得学校是否应该设置培养独立性的课程？（　　）

A. 应该　　B. 没必要

7. 你认为学校的哪些校本课程可以提升学生的独立性？

A. 体育竞技类　　B. 艺术欣赏类　　C. 智力竞赛类　　D. 表演类

E. 其他_____

8. 你对学校的校本课程有什么意见和建议吗？

_____

示例：

① 希望课程比较有趣，不要太枯燥。

② 如果能在玩乐中学习就更好了。

③ 我觉得有些书籍可能对培养独立性有一定帮助。

| 调查报告 |

独立，体悟自主自信人生

一、调查背景

学习需求源于学习目的与学习动机。学习需求分析是以学习者为对象，用科学的方法收集信息，了解其在学习上的缺失或不平衡，并寻求满足其学习需求的对策的过程。学习需求分析也可以以教学开展者为对象，有利于教学目的、教学环节、教学评价等的设计、实践与反思。总之，学习需求分析是学校课程设计开发中一个不可或缺的重要环节，也是课程设计开发的重要依据。

独立性学习也称个体化学习，特点是学习者彼此独立地学习，他们的成功取决于各自的努力与目标之间的关系，学习者可自由选择学习的内容、时间、地点以及方式方法，而教师在此过程中的直接参与较少，从而使得学生的自主性和学习能力得以充分体现。因此，注重学生独立性学习需求的满足也成为了教师通过课程设计和实施提升学生学习素养的有效途径。

为了了解南苑小学学校课程开发和实施过程中对学生独立性学习需求的体现情况以及教师如何通过教学有效致力于学生素养的提升，本课题组进行了此次调查。

二、调查对象与方法

1. 调查对象

2020 年 7 月，运用问卷的形式对南苑小学全体学生和教师分别进行调查。

2. 调查方法

本次调查以匿名问卷的方式收集到一定数量的真实可靠的原始数据，借用学校钉钉平台对我校在校学生及教师进行调研并形成数据。

三、调查结果与分析

1. 调查结果

本次调查共发出问卷 1 076 份，其中学生问卷 946 份，教师问卷 130 份。回收学生问卷 931 份，其中有效问卷 927 份；回收教师问卷 130 份，其中有效问卷 130 份。

2. 调查问题分析

（1）对校本课程知晓程度高。在学生问卷中，95％的学生知道且了解学校校本课程，5％的学生对校本课程有一定了解。可见学校"大风车课程"的开发和实施，无论是在学生知晓度还是参与度上都体现了普遍性。同时，99％的学生认为学校应开设培养独立性学习的相关课程，体现了学生对校本课程开发和创新的需求。

（2）对独立性学习需求的认可度高。在学生问卷中，97％的学生认为独立学习非常重要，仅有 3％的学生认为不重要；在教师问卷中，100％的教师认为学生需要具备独立学习的能力。可见无论是学生还是教师都认为在学习过程中独立性学习是非常重要的。但是对于个人独立性学习的达成程度方面仅有 28％的学生认为自己已经能很好地完成，55％的学生认为自己做得不够好，17％的学生认为自己还没有做到，其中绝大部分对自己不够肯定的学生都集中在三年级以下，体现出独立性学习在实践中的达成难度较高，且是一个与学生年龄、能力匹配度较高的学习需求。与此同时，68％的教师认为通过教学能有效提升学生的独立性，而学习习惯与态度则是绝大部分教师眼中最能培养学生独立性的有效途径。可见课堂作为教学的主阵地，仍然肩负着培养和提升学生独立性学习能力的重要使命。

（3）对独立性学习能力培养途径多元化的认可度较高。针对如何培养自己独立学习的能力，27％的学生认为可以在学习中培养，48％的学生认为可以在班级管理中培养，也有 23％的学生认为家庭生活、社会实践也是一种有效途径，体现出学生对独立性学习能力的多元化认知和理解，以及对培养途径的多种需求。这一点也体现在学生对校本课程的教学目标认知上，48％的学生认为智力竞赛类的课程有利于提升个人独立学习的能力，而其他学生也认为体育、艺术、表演等课程也都能满足自身对独立学习能力的需求，体现出学生对个人综合能力提高和全面发展的需求。而教师也对培养

23

学生独立性能力的方式有多种理解，其中他人督促、榜样力量和奖惩机制都成为了教师的首选，体现了打破学科边界，将德育融于课程的良好教学现状，同时也有部分教师提出"加强家校沟通，追求家校合作，强化训练结果"也是不可或缺的有效途径，体现出教师对家校共育程度提升的迫切需求。

四、提升学生独立性学习能力的对策

1. 基于学生学情，分层制订目标

在常规教育工作实践中，常常出现令人费解的现象：学生的年龄越增长，他在学习上感到的困难越大；一些学生一年一年地升级，而学业成绩却逐年地下降。有些儿童在低年级里是优秀生，而到了中年级里学习能力却变得不佳。我们的观察证实，在绝大多数情况下，产生这种现象的原因在于学生不会运用概括性的概念去认识周围现实，而学生之所以不会运用，又是因为他们的概括性的概念、结论和判断不是通过研究事实和现象的途径形成的，而是死记硬背得来的。我们基于学生在常规教学中的学情，将开发多元化课程，分层制订学习目标。将学习模式分层，依次为死记硬背式学习模式、非研究性学习模式、研究性学习模式和独立研究性学习模式。前面两层的学生，我们要开发基础课程培养他们的基本概括能力和基本研究能力。后两层的学生，如果概括性的结论不是死背硬记的，而是通过分析事实和现象有理解地抽取出来的，那么情况就完全不同了：因为学生的知识范围越广，学习起来就越容易。在学生第一次接触的东西中，有许多用不着深入分析细节就可以理解，因为一些事实之间的新的相互联系，对他来说只不过是已经熟悉的某种概括性原理的某一方面的具体化而已。

2. 丰富课程体系，整合学科优势

每位教师都知道，学习的最高境界是授之以渔而非授之以鱼，只是事实总是离我们的愿望有很大的距离。上述我们提及，帮助学生将死记硬背的知识进行应用并牢记，是我们课程开发的重大意义。我们可以通过调动学生的各方面兴趣，开展丰富课程体系，融合学生在各项课程中的兴趣并发挥到最大化，以此提升学生的独立性学习能力。在丰富的课程体系下，让学生进行独立学习的可能性是很多的，要正确地利用这些可能性。比如学生独立阅读教科书或原著只是脑力劳动的一种形式和达到目的

的一种手段，而真正的目的则在于让学生去研究和分析那些没有明确阐述的、似乎是隐藏着的因果联系和规律性。整合学科优势，如果学生在分析的过程中，依靠自己的独立的智慧与努力，且在这项学科中获得了一些能够概括大量事实、现象和事件的知识，那么这种获得知识的能力就是极其宝贵的。

3. 加强家校沟通，巩固教育成果

学校在丰富课程体系的理论性之外，还需要靠加强家校沟通来巩固教学成果。比如那些跟实践直接联系的课程，就需要在平时生活中得到家长的大力支持和配合，实践操作在学生的精神发展中也起着特别重要的作用。例如，学生是通过怎样的途径去获得关于土壤的生命、农作物的发育的知识的，是否是依靠自己的积极努力去获得这些知识的，这些都决定着他们对于培植谷类和技术作物、提高土壤的肥沃度的劳动抱什么样的态度。对自然现象、生产、人的实践采取恰当的具有研究性的学习方法，能够促使学生在思维过程中尽量努力地从实践中去挖掘更多的事实和材料。在这种情况下，知识对学生来说就不只是一种正确地反映现实规律性的真理，而且是一种干预生活、影响现象发展进程的手段。对学生思维活动的观察表明，如果学生的抽象的概念、结论、判断是他们在研究和分析周围现实的过程中形成的，那么他们就能养成一种宝贵的脑力劳动的品质——即不仅通过直接观察而且以间接方式去研究、认识和探索事实和现象的能力。而培养并支持这种研究与观察的活动，就需要得到家校支持，家校要及时做好沟通，支持孩子巩固在学校丰富课程体系下习得的独立性研究能力。

4. 依托社会资源，拓展教学渠道

我们认识到，现代教育不能局限于校园和课程，今天的教育是"大教育"，今天的学校也是"大学校"。"大学校"包括一切可供学校开展教育教学活动的所有社会资源，这就促使我们进一步思考如何打破固有的办学模式，整合利用各种社会资源，完善丰富学校的社会实践活动。为引入更多的社会资源，我们也在不断思考，仅仅是让学生在基地进行一些实践体验活动是不够的，于是我们将梳理过的社会资源整合到学校课程体系中来。首先，在课程开发过程中，我们鼓励教师积极引入实践基地资源，创设真实学习情境，不断丰富教学内容，提高课程实施的质量。其次，进一步完善学生拓展型课程学习手册，邀请社会专业人士、行业领军人才等，深入推进具有校本特色与区域特点的拓展型课程开发和实施工作。最后，学生通过在各个社会实践基地的学习，生成更多有价值的问题，提升独立性学习的能力。学校引导学生将这些问题转化为研究性课题，在实践中调查分析并形成研究报告，最后完成综合素质评价中对于研究性学习的要求。这样既能拓宽学生选题研究的视角，增强他们学以致用、独立思考的能力，又能培养学生的社会责任意识和担当精神。

第二章

合作性学习需求:激发思维的火花

　　孔子曰:"三人行,必有我师焉。"这体现了合作学习思想的渊远流长。合作是人类社会存在至今的重要动力,有效的合作学习能够唤醒学生沉睡的潜能,激活封存的记忆,开启幽闭的心智。合作学习发挥了学生的主体作用,把学生的个性探索与小组的合作探索有机结合,调动全体学生的学习积极性,促进学生主体性、创造精神、实践能力及合作意识、交往品质等多方面素质的协调发展。

在神秘的大自然中,许多动物都进行着合作。鳄鸟与鳄鱼互帮互助,犀鸟与犀牛相互依赖,羚羊与斑马互惠共处。人类也是如此,本能地追寻着自己的伙伴,在与他人的合作中不断超越自我。

欧洲著名的心理分析学家阿德勒在他的书中写道:"生活的意义是与人合作,并产生贡献。假使一个儿童未曾学会合作之道,他必定会走向孤僻之途,并产生自卑情绪,严重影响他一生的发展。"合作性学习如此重要,但并非每个人生来就具备这种能力。孩子们或是因为自身的怯弱,或是因为对自己能力的不认可,或是羞于与他人交流,或是过于以自我为中心,便将自己困在一方小小的世界中,不敢迈步走向更大的世界,寻求与他人的合作。因此从小培养学生的合作意识和合作能力非常重要,让每个学生都具备合作性学习能力也是培养学生核心素养的重要一步。

学校教育作为主阵地,恰恰提供了学生交往与沟通、团结与协作的环境。课堂上的合作学习、班级里的各项活动,在促进学生交往与合作上更是具有得天独厚的优势。在这里,学生通过多种方式的合作学习,学会倾听、学会表达、学会沟通、学会合作,从而在融洽的集体氛围中,实现全面发展,提高个人素养,为日后的学习生活奠定坚实的基础。

❙ 核心观点 ❙
合作性学习的核心是互赖关系

早在 20 世纪 70 年代，合作学习就逐渐兴起，时至今日，已经形成了一套成熟的教育理论。不论是何种学科，合作学习都非常流行，采用的频率也十分高。如若能利用好合作学习，利用好小组合作，可以帮助教师为学生营造一个良好的教学环境。

一、合作学习的概念

对于合作学习的概念，国际上并没有一个统一的认识。裴芳的《合作学习概念界定与相关理论基础》一文中就搜集了许多不同国家不同学者给出的定义。

① 莱斯文的定义：合作学习是指学生在小组中进行的一系列的学习活动，并依据他们整个小组的成绩获取奖励或认可的教学课堂技术。

② 约翰逊兄弟的定义：合作学习就是在教学上运用小组形式，使学生共同活动以最大程度上地促进他们自己以及他人的学习。

③ 王坦的定义：以异质学习小组为基本形式，系统地利用教学动态因素之间的互动促进学生的学习，以团体成绩为评价标准，共同达成教学目标的教学活动。①

虽然各国专家们的见解略有不同，但不难看出他们都认为合作学习要以小组形式为基础，学习者通过合作互助的方式进行学习，从而共同达成学习目标。

二、合作学习的意义

传统的课堂教学主要是教师教、学生学，学生常处于一个较被动的位置，对于那些不爱举手发言、不主动思考的学生是很不利的。因此，应用合作学习的模式调动学生的学习意识，给予学生自由发挥的空间，使其化被动为主动，以积极的态度投入到学习

---

① 裴芳. 合作学习概念界定与相关理论基础[J]. 考试周刊,2017(67):186.

中去。"众人拾柴火焰高"，只有团结合作才能迸发出更强的力量，这也是合作学习给学生的启示。每一位成员所贡献的力量都将推动整个小组走得更远。合作学习对于学生的社交能力也起到了正面的作用。很多学生平时是家庭的"掌中宝"，被宠惯了，来到学校里不免会出现以自我为中心的现象。合作学习可以增进同龄人之间的交流，学生在团队中学习如何尊重、谦让、正确表达自己的意见等，对人格成长有较好的帮助。

合作学习创造了集体学习或者活动的机会，在共同探究的过程中，激发学生的学习热情，展现其能力所长，充分凸显学生为教学的主体。同时，也让他们有更多分享交流的机会，去发现彼此的闪光点。合作学习不仅能增强学生的自主学习能力，也能促进其交往兴趣和信心。

三、合作学习的要素

合作学习虽然在我国由来已久，很多教师在课堂上经常采用合作学习的方式；但是，还是会有不少误区。比如说有教师认为只要让前后桌或同桌分小组进行学习，每位学生都必然会参与其中。但是不明确的指导和非及时的监督会导致学生各自为政或者乘机闲聊；又比如小组中某位学生是"全能型选手"，其他人在他的"掩护"下无所事事，合作学习反倒成了他们的"避风港"。这类合作学习并没有真正体现出合作学习的意义，甚至会导致后进生越来越被动、无表现机会，资优生越来越狭隘、无拓宽思路的结果。

想要合作学习不流于表面形式，而切实发挥其作用，就必须认真剖析合作学习的本质，揭示其必备的要素。归纳如下：

1. 混合编组

学生们擅长的领域各不相同，有能言善道的，有踏实肯干的，有思维活跃的；将具有不同长处的学生编排在一起更有利于提高分组活动的效率。除此外，还要考虑到学生的性格、成绩等，确保成员的多样性，使成员间既可以取长补短，又可以激发出更多思维的火花。

2. 小组目标

合作学习需要设置小组目标，小组目标将小组内部每位成员的个人利益与小组的集体利益统一了起来。为了达成共同的目标,他们要学习互帮互助、合理分工、资源共享、集体奖励等方法,共同创造和谐有效的学习环境。

3. 个人责任

合作学习中的个人责任就是每位组员都要承担一定的任务,为小组活动贡献一份力量。相关的研究表明,如果在群体中,有人不明确自己的责任,那他参与活动的积极性就不高。因此,小组成员必须清楚自己的角色定位,做好自己分内的事,最终共同达成目标。

4. 相互依赖

在没有教师直接管理的情况下,想要顺利开展合作学习,成员间就要相互依赖、相互沟通、相互合作。就像大树的每一条根都要汲取养分,通过共同的树干输送到树枝,让其能够开花结果。成员们同舟共济、荣辱与共,既要履行自己的职责,也要积极配合其他成员。[①]

5. 组内自评

为了检视合作学习是否合理有效,组内应适时开展自评,点评成员的活动成效。评价时要针对目标达成度、优点和不足之处、存在的问题和原因等几方面总结归纳,引导成员认识自己,有利于小组在之后的发展。

合作学习的教学过程最重要的核心在于:学生坚信彼此之间"荣辱与共"的亲密关系,并且,感觉到"自己是被需要着的",在团体合作中找到归属感。如此才能切实激发学生的学习主动性,让他们的团队合作能力得到有效的提升。

---

① 刘金梅,赵静.简析合作学习策略的基本要素[J].湖北师范大学学报(哲学社会科学版),2019,39(04):124—127.

▌ 课程建构 ▌
拓展合作性学习经历

合作性学习指的是小组合作形式在教学上的运用，学生在小组内共同学习、互相讨论、互帮互学，使自己和每个小组成员的学习都能达到效果最大化。合作不仅是一种良好的学习方式，更是一种生活的理念与认识，学生可以把课堂的合作行为和精神拓展到课外学习中去，学会自发地组成和加入学习共同体进行合作。当学生将合作行为融入日常的生活中，就能在与他人良好合作的进程中逐渐将合作内化为一种精神，成为在生活中尊重他人、宽容他人、具有合作精神的社会成员。

合作性学习把教学建立在满足学生学习心理需要的基础之上，使教学活动带有浓厚的情意色彩。合作性需求包含几个关键词。第一，信任。在积极的相互依靠建立起来以后，学生能够讨论他们所学到的知识，讨论如何解决教师布置的作业，并能够彼此提供帮助、支持和鼓励。第二，责任。小组中每个成员都必须承担一定的任务，小组的成功取决于所有组员个人的努力。只有每个人为小组的利益着想，尽职做好自己的工作，整个小组才能出色完成任务。第三，交际。学生必须学会高质量合作的社会技能并得到使用这些技能的机会。这些社会技能包括领导才能、决策能力、建立信任、人际沟通和冲突管理等。在合作性学习过程中，教师必须教会学生学会彼此理解和信任，互相接纳、互相支持，使其能够正确、清楚地与其他成员交流，学会建设性地解决冲突。第四，协作。每个成员都应认识到自己与小组（个体与集体）之间以及自己与小组内其他成员（个体与个体）之间是同舟共济、荣辱与共的关系。

图2-1所示是合作性学习需求的课程框架图。

南苑小学在雅美教育的文化熏陶下，进一步更新课程理念。充分考虑学生的合作性学习需求与情感体验。"关注合作需求，提升学科素养——以牛津上海版3B Module 2 Unit 2 Toys为例"利用多彩活动、趣味任务、表演合作、学科融合多元方式，使学生通过合作学习培养合作精神和学科核心素养。"历奇心理游戏"课程通过学生喜闻乐见的心理游戏的方式进行教学，让学生意识到群体和个人活动的区别，让每个学生都可以参与到学习中来，并学会从多个不同的角度来看待人和事，培养了学生的

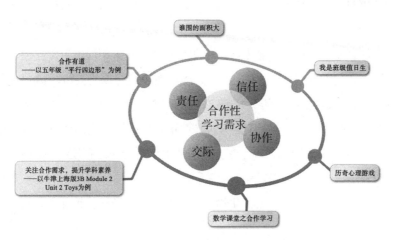

图 2-1　合作性学习需求的课程框架图

团队合作能力。"数学课堂之合作学习"课程通过同桌、小组合作折直角的活动,发挥学生的主体地位,培养了学生的合作精神与人际交往能力。"合作有道——以五年级'平行四边形'为例"课程通过小组合作探究学习单,让学生自己在数学实践活动中,理解和应用数学的知识、思想和方法,去寻求平行四边形的特点。"谁围的面积大"课程通过小组合作学习,让不同的想法进行交流,不同的思维进行碰撞,给学生"二次成功"的机会,给学生充分思考的时间,培养了学生的创新意识和团队意识。"我是班级值日生"课程通过小组合作的形式,使学生明白了无论做什么事都不能过于以自我为中心,要学会考虑他人的心情,友好交流才能合作解决问题。

课程创意 2-1　　关注合作需求,提升学科素养
——以牛津上海版 3B Module 2 Unit 2 Toys 为例

苏联学者维果斯基认为除了成人指导之外,儿童与同伴共同完成任务、讨论问题,可以提高他们已有的认知水平,合作活动比个体活动更为优越,可以加速儿童认知水平的发展。2011 年版课程标准明确提出义务教育阶段英语课程的目标是:通过英语学习使学生形成初步的综合语言运用能力,促进心智发展,提高综合人文素养,即学生

初步形成英语与他人交流的能力,形成积极向上的情感态度,乐于与他人合作,养成和谐健康的品格。

合作学习在小学英语阅读教学课堂中非常重要。在平常的英语阅读教学中,虽然会有"合作"形式的存在,但是有的小朋友会游离在小组合作之外,没有参与到小组合作中,造成课堂变成部分孩子的个人表演;有的课堂合作很热闹,但是合作效果不佳,意义不明显;很多时候老师也没有参与到合作中。如何开展适当的阅读教学活动,促进师生和生生间的有效合作,提高小学英语阅读教学中合作的有效性,从而推进阅读教学目标的有效达成?下面以 3B Module 2 Unit 2 Toys 为例,利用多彩活动、趣味任务、表演合作、学科融合多元方式,使学生通过合作学习培养合作精神和学科核心素养。

趣味游戏,合作成长。 在我们的英语阅读教学课堂中,游戏是以"小组"或者"伙伴"的形式开展的,学生能够兴趣盎然地参与到游戏中。有些竞争性游戏中,学生为了赢得游戏胜利,团队合作精神高度迸发,大家互相配合,合作精神在活动中得到培养。

3B Module 2 Unit 2 Toys 第一课时 Toys I have:Magic Box 游戏中,学生以 2 人一组的形式,通过摸一摸、说一说猜对方的 Magic Box 中的玩具,复习描述玩具颜色、大小、特征的单词,猜出玩具的学生可以为募捐的玩具定价格。小组中猜对的玩具越多,可以奉献的爱心指数就越多。小组成员为了增加爱心值,争当爱心大使,通力合作,互相配合。

头脑风暴,智慧碰撞。 头脑风暴,智慧碰撞,展现小组成员的合作成果。3B Module 2 Unit 2 Toys 第二课时 Toys I like 中,同学们通过头脑风暴,对 Peter 拥有的玩具展开提问,推断出他所喜爱的玩具。小组组员在头脑风暴的过程中各显智慧,在前面组员的基础上不断拓宽提问的角度,为小组赢得胜利。头脑风暴的过程就是一次合作的过程,它极大地调动了学生参与的热情。

趣味任务,思维发展。 在小学英语阅读教学中,采用任务设计的理念,设计真实的阅读任务,推动生生合作,能培养学生的合作精神与合作能力。在阅读教学中我们常常设计语言类任务,例如做解说员、做调查、举办记者招待会;设计表演类的任务,例如面试、做交通志愿者、表演小品;设计综合类任务,例如制作购物清单、制作海报等。丰富多样的阅读任务,为学生提供了有趣、有意义的合作内容和合作形式,使学生在一

次次的合作交流过程中不断提高阅读能力和合作能力。在 3B Module 2 Unit 2 Toys
第三课时中,教师设计了任务一(图一)和任务二(图二)。

图一　　　　　　　　　　　　　　图二

　　任务一要求学生通过小组合作分角色阅读文章,然后提取关键信息来总结陈述,
融合表演的阅读任务增加了趣味性,增强了学生的积极性。任务二是问题解决式的阅
读任务,通过问题"Can they play with the toys again?",小组合作开展开放性的故事续
写。每个小朋友的创意在小组中不断地碰撞,大家各抒己见,有相同观点,亦有不同的
看法,阅读任务的结果非常精彩:有尝试寻找共同的兴趣爱好,然后一起玩;有选择各
自玩自己的玩具,但是在一起互相分享;有选择自己玩自己的,互不打扰……学生在合
作中求同存异,既很好地完成了阅读任务,完成阅读目标,提高阅读能力,又培养了合
作精神和合作能力。

　　表演合作,增效强能。　表演合作学习即通过表演的形式,让学生在真实的阅读
教学语境中运用语言,并为学生提供展示的机会,激发学生的学习兴趣,培养学生自主
探究的学习品质,有效提高学生的语用能力和合作能力。

　　歌曲表演,声声动人。　小学生具有强烈的表演欲望,他们喜欢歌曲,特别是融合
了动作与表情的歌曲更能深深打动他们。在阅读教学的过程中,我们可以在开始或者
中间穿插与课文阅读主题和内容相匹配的歌曲,让学生通过同桌一起唱一起演,或者
小组合作有唱有演的形式复习英语阅读课中所学的知识。3B Module 2 Unit 2 Toys
第二课时 Toys I like 中,在讨论 Kitty 为什么喜爱 Teddy bear 这个玩具时,一首
Teddy bear 唱出她喜爱的理由。学生在小组合作听、唱、演的过程中,有合作、有思
考、有收获。

角色扮演，参与合作。 在小学英语阅读教学的课堂中，经常会有 role play。我们可以将阅读语篇改成课本剧或者小对话，学生 2 人一组或者 4 人一组开展角色扮演。老师要关注分组情况，保证每个学生都有小组，不能让任何一个学生落单。3B Module 2 Unit 2 Toys 第二课时 Toys I like 中的 Role play，学生通过同桌两人的合作学习，对本节课的核心句型展开练习："A：What do you like？ B：I like … I like this … It's …"在合作练习过程中，学生互助合作，不仅要记住自己角色扮演的内容，还要记住同伴的；同伴也会及时提醒和辅助。学生的合作能力在角色扮演的过程中得到了充分的提高。

合作展示，提高效果。 合作展示的教学活动能够提高学生的学习效果。为了能够在全班面前有一个好的表演状态，小组成员会开展积极的合作。组长分配角色，一个成员在表演时另外的组员在倾听。这里生生合作在延续。表演结束后老师针对表演开展积极的评价，师生间的互动合作在延续，从而有效提高学习效果。例如 3B Module 2 Unit 2 Toys 第二课时 Toys I like 中，最后环节是学生小组开展 toy show 的活动，学生在活动中使用本堂课学习的核心句型"I am …""I like …""I like this …""It's …""I can …"和相应词汇开展表演；学生积极投入，效果显著。

学科融合，多元发展。 加德纳于 1983 年提出多元智能理论。他认为智能是多元的，每个人身上至少存在七项智能，即语言智能、数理逻辑智能、音乐智能、空间智能、身体运动智能、人际交往智能、自我认识智能。在小学英语阅读教学过程中，嵌入符合学生认知发展水平的跨学科融合合作学习，有助于学生学习能力与合作能力的提高，还能促进学生智力的发展。例如 3B Module 2 Unit 2 Toys 第四课时 Toys we like 中要求学生：Draw your favourite toy and introduce it。学生通过小组合作画出最喜欢的玩具，然后利用当天所学的词汇、句型展开描述。这里的画一画就嵌入了美术学科的知识，通过画一画、涂一涂自己最喜欢的玩具并进行介绍，学生的兴趣得到极大的提高。在英语课堂中跨学科知识的嵌入方式也是多种多样的，比如我们还可以设计儿歌的合作操练环节，让学生用所学内容自编儿歌，然后利用熟悉的音乐节奏唱出所学所想，在这样的合作过程，学生的语言智能和音乐智能同时得到提高。当然跨学科知识的嵌入是为了更好地辅助课堂学习，是为了提高学生的学习兴趣，激发学生思维，从而更好地实现英语课堂学习目标，因此语言学习和表达是重心，清晰的图片、框架、音乐等材料只是辅助工具。

　　小学英语阅读教学中的有效合作学习,不仅能够有效完成阅读目标,提高学生的阅读能力,还能发展学生的语言能力、思维品质、文化品格。小学英语阅读教学课堂中,多彩活动促进学生间的合作,培养他们的合作精神;趣味任务促进学生的思维发展,采用任务设计的理念,设计真实的阅读任务,培养学生的合作精神与合作能力;合作展示的教学活动能够提高学生的学习效果;学科融合多元合作内容,既提高学生的学习能力与合作能力,又促进学生的智力发育。合作中每个学生都获得足够的表达机会,在表达过程中积极性和自信心也不断提高,学生的主体作用不断得到显现。在后续的阅读教学过程中教师如何融入学生的合作学习和互动中促进学生发展,有待进一步的实践和反思。

(上海市嘉定区南苑小学　刘洁文)

课程创意 2-2　　历奇心理游戏

　　在小学生的成长过程中,他们的团队合作能力受到了我们越来越多的关注,而心理游戏便是一个很好的方式,这不仅能够让学生的团队合作能力得到提升,还能够让他们更好地进入学习之中,推动他们学习效率的提高。因此,教师通过有计划、有组织的活动,给学生进行相关游戏的指导,让他们能够通过游戏的方式共同解决成长过程中遇到的问题,这样的教学模式能够更好地推动学生个性的发展和自我创造性的培养。

　　北师大心理学教授林崇德说过:"心理健康教育的形式要根据不同情况体现多样性,在小学,应该以游戏和活动为主。"玩是孩子的天性,游戏深受孩子的喜欢,在游戏中加入心理的因素,在小学中开展"历奇心理游戏"课程,既符合孩子的心理特点,培养他们的团队合作能力,也是开展心理健康教育的一种有效途径。

　　教师可以通过学生喜闻乐见的心理游戏的方式进行教学,让学生意识到群体和个人活动的区别，让每个学生都可以参与到学习中来，并学会从多个不同的角度来看待人和事。在进行游戏教学时，教师要注意组织好相关活动，注意课堂秩序的维护。以下是"历奇心理游戏"课程中的两个案例。

游戏一：盲行——信任之旅

目的：通过助人与受助的体验，增加对他人的信任与接纳。

时间：约 30 分钟。

准备：指导者要事先准备好盲行路线，若在室外可设定有障碍的路线，如上楼、拐弯等；若在室内可设置桌、椅等障碍物；准备好蒙眼睛用的头巾。

过程：团体成员按照随机抽取的扑克牌确定"盲人"的扮演者，"盲人"被蒙住眼睛，在原地转 3 圈，暂时失去方向感。其余的成员继续抽签，抽到与"盲人"牌面相同的成员扮演该"盲人"的"向导"，协助"盲人"。然后，"盲人"在"向导"的搀扶下，沿着指导者指定的路线行走。

要求：活动中"向导"不能暴露自己的身份，不能讲话，大家都要保持安静，"向导"只能用非语言的方式引导"盲人"走完全程，让"盲人"自己体验各种感觉。

活动结束后学生按照八人小组的方式进行讨论，扮演"盲人"或"向导"的成员说出活动中遇到的困难以及当时的心理感受。教师适当提出一些问题来引发学生思考，比如：扮演"盲人"角色时，一开始对"向导"有信心吗？整个活动中你的信心是恢复了，还是丧失了？扮演"向导"角色时，你是如何传递信息的？"盲人"收到没有？后来是如何进行调整的？你是否是一个成功的带领者？本次活动你得到哪些有益的启示？分享活动中的体验和感悟。最后再由每个小组的小组长代表发言，小组间交换心声。

游戏二：踩报纸——同舟共济

目的：增强团体合作意识，营造团结和谐的团体气氛。

时间：约 10 分钟。

准备：报纸。

过程：团体成员以小组为单位。将报纸看作本小组在落水时唯一的一艘救生艇，请小组想办法让更多的人站到报纸上获救，每个人都必须以报纸为支点。看哪一组获救的人最多。

活动结束后小组成员分享感受，由小组代表进行总结发言。在小组成员讨论各成员的问题时,教师应引导成员在团体讨论当中得到一些启发,或引导成员从另一个角度看待问题;在团体成员进行心理剧角色扮演过程中,教师应避免强调失败的原因,而应引导成员互助,并引导成员全身心投入角色中。

团队合作、人际交往是人和人相互交流、沟通、理解的过程,也是心理健康教育的重要内容。以上两个团队心理游戏,促使学生思考如何更恰当地和他人相处,从而学会耐心倾听、真诚赞美他人,学会在相互尊重的基础上进行沟通。如有一组学生在第一次活动的时候,由于"向导"发生了失误,导致"盲人"摔了一跤,他们没有相互指责,而是在自己的身上找原因,最后决定更好地互相配合来完成任务。教师引导其他学生学习他们的经验,思考如何能在相互尊重的基础上对同伴赋予更多的信任,进而提升活动效率。在生活中遇到现实问题时,学生也会联想到游戏的过程,并思考是否能找到解决问题的方法。

学校对参加"历奇心理游戏"课程的学生进行了课程认同情况和游戏参与意愿度的问卷调查,问卷显示有 93.2％ 学生愿意再次参加"历奇心理游戏"课程;97.5％ 的学生觉得心理游戏比传统主题班队课更加有趣。学生通过"历奇心理游戏"课程的活动,体验彼此信任、融洽沟通、团体合作的成功与快乐,感受信任与被信任、爱与被爱的快乐,形成主动交往意识、合作意识、互助意识,形成相互信任、相互协作、相互鼓励与支持的团队精神和坚持到底不服输的精神,初步形成智慧解决问题的能力。

(上海市嘉定区南苑小学　张益聪)

课程创意 2-3　　数学课堂之合作学习

合作学习(cooperative learning)是 20 世纪 70 年代初兴起于美国,并在 70 年代中期至 80 年代中期取得实质性进展的一种富有创意和实效的教学理论与策略。它在改善课堂上的心理气氛,大面积提高学生的学业成绩,促进学生形成良好的非认知能力等方面取得了显著实效。合作学习是一种结构化的、系统的学习策略,由 2—6 名能力各异的学生组成一个小组,以合作和互助的方式从事学习活动,共同完成小组学习目标。

新课程标准要求实行自主、合作、探究的学习方式,要求学生在实践中实现知识构建和领悟。因此,我们的教学要还给学生在课堂上的主体地位,采取适合学生身心发展的教学方式。小组讨论合作学习是发挥学生主体地位的重要形式,有利于培养学生的合作精神与人际交往能力,是新课程实现学生学习方式转变的着力点。因此,小组讨论合作学习的方式正被广大教师应用在教学实践及大量的听课活动中,笔者发现小组讨论确实对教学目标的达成起到了积极作用。

一、案例背景

"角与直角"在上海市九年制义务教育课本二年级第一学期(试用本)第 65—66 页,是第五章"几何小实验"的第一课时。本课时的内容涉及图形与几何,主要渗透的数学思想有几何直观、空间观念,运用到的教学方法有情景法、操作法等。学生学习本课之前,在生活中已经积累了许多关于角的知识经验,如:桌角、指针形成的角、书角等。但到底什么是角?角的各部分名称又是什么?怎样的角是直角?如何判定一个角是直角?本节课是角与直角的初步认识,它对于学习本章中长方体和正方体、长方形和正方形的认识有着重要的基础作用;同时也是以后学习角的分类、角的大小、量角与画角等知识的重要基础。

二、问题解决

学生已经对角与直角有一定的知识基础,单纯的知识讲解无法引起学生的兴趣,所以教师在引入阶段使用生动的微课,激发学生的学习兴趣,引导学生自主学习、观察和积极地思考,借助有趣生动的讲解帮助学生建构新知,营造热烈的学习氛围。

几何学习需要强调儿童主动构造自己的知识系统,通过亲自操作去感知概念形成的过程,从活动的系统模式中构建空间观念。在新知讲授阶段,教师通过让学生参与画一画、找一找、折一折、量一量、剪一剪等操作活动,感知角(直角)并抽象出角的特征;伴随着操作活动,学生的数学语言得到锻炼,还促进观察、抽象、归纳等数学思维意识和能力的培养。

课后,教师设计实践作业帮助学生进一步认识生活中的角,体验生活中的数学。

让学生以小老师的身份拍摄小视频或照片并上传,再在群内分享优质作品,这不仅使学生巩固了新知、拓展了学习视角,也体现了学生在学习过程中的主体性,锻炼了学生的综合素养。

三、教学设计

(一)新知引入

(二)新知探究

1. 认识角

(1)选择生活中各种各样的物品(钟、尺、剪刀、书、旗子、交通图标等),请学生一起看看这些物品上有什么数学图形,从中抽象出角。(课件演示)

小结角的共同特征:这个尖尖的部分就叫作顶点,直直的线称为边,即角有一个顶点两条直边。

(2)辨析不是角的情况。巩固角有一个顶点和两条直边的认知。

(3)画角的符号:伸出手指,跟着老师画一画小圆弧。

(4)指一指角:教师示范如何指一个角,学生学着老师的样子,在三角尺上找一找角,边找边说给同桌听。

2. 画一画角

学生观看微课后尝试画角,师生对作品进行点评并交流。

3. 认识直角

小结:像三角尺上 A、B 这样的角叫直角。

4. 动手操作,验证直角

教师演示验证直角的方法,学生动手验证直角。

5. 动手折直角(同桌合作)

视频演示用一张不规则的纸折出一个直角,学生据此动手折直角,用折出来的直角或三角尺验证身边的直角。

6. 魔术变变变

通过变化边的长度、开口的大小引导学生观察、思考、讨论,得出结论:角的大小与边的长短无关,与角的开口的大小有关。

(三)新知巩固

1. 判断下列哪些是角

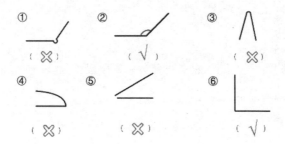

2. 判断哪些角是直角

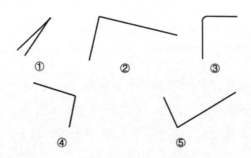

3. 下列图形中,各有几个角,有几个直角(小组合作交流)

(四)实践作业:拍摄生活中的角

　　课堂中教师运用同桌、小组合作的方式展开教学,同时辅以短视频演示的方式,画面有趣、语言生动、富有活力,容易吸引学生的注意力,有助于提高学生学习的积极性和参与度,为学生学习新知增添色彩,形成活跃的课堂氛围。视频的呈现方式也在提醒老师:在日常教学当中,可以站在学生的角度思考学生到底想要怎样的课堂。在教授知识的过程中可以试着采用游戏化的场景,借助游戏手段帮助学生构建知识,通过幽默风趣的语言让学生感受学习数学的乐趣。

　　随着新课改的不断深入,自主、合作、探究的学习方式已经深入课堂,如礼花般在课堂上绽放出绚丽的光彩。它以绝对优势取代了传统课堂上的满堂灌、填鸭式的学习方式,使数学课堂变得生机盎然、妙趣横生。

　　在新课改背景下与网络技术助推下,教师更应该是学生学习的引导者,使学生成为课堂的主人,教师需要在这一过程中提供学生学习的方法,倡导生生合作、师生合作的模式,让学生转变思维,发挥其主观能动性,使其综合素质得到锻炼与提升。

(上海市嘉定区南苑小学　葛懿)

课程创意 2-4　　合作有道
——以五年级"平行四边形"为例

　　合作学习是指学生为了完成共同的任务,有明确的责任分工的互助性学习。合作学习于 20 世纪 70 年代初兴起于美国,自 20 世纪 80 年代末、90 年代初开始,我国也出现了合作学习的研究与实验,并取得了较好的效果。

　　小学数学核心素养包含了符号意识、数感、量感、空间观念、几何直观、推理意识、运算能力、模型意识和数据意识，超越数学的核心素养包含了应用意识、创新意识，合作学习可以很好地辅助教学过程，突破重、难点，培养学生的核心素养。本文研究的关于几何知识的探究，着力于培养学生的空间观念、几何直观、推理能力和数据意识，当然，在合作探究过程中会有应用意识和创新意识的无痕体现。

在"图形与几何"模块中，学生要从"形"的视角去认识周边的事物，感受几何图形的特点，发展空间概念，培养几何直观和推理能力；其中五年级第一学期"平行四边形"一课是小学阶段"空间与图形"学习领域的重要内容之一。这部分内容要求学生在已经初步掌握长方形、正方形、三角形的特征，以及比较深入地认识了最基本的几个几何概念（平行和垂直）的基础上，进一步认识平行四边形，并掌握其特征。认识图形是培养学生空间观念的重要途径，如何运用计算、变换、简单推理等多种手段让学生认识图形，是上好本堂课的关键。可以让学生通过量一量、画一画、比一比、看一看等数学方法来发现平行四边形的特点。那么，操作部分应采用独立个体还是小组合作的方式呢？在研究了教学重、难点和学情的基础上，教师发现合作探究的方式更适合。以学生为主体、教师为辅的指导方式，再加上小组合作探究学习单，让学生自己在数学实践活动中，理解和应用数学的知识、思想和方法，去寻求平行四边形的特点；让学生带着问题与同伴自发寻找突破口，并尝试在组内小结交流，如此，学生的数学语言素养能够得到充分展示，并加深对新知的认识，同时辐射到没有及时消化的组内同学。以高阶思维为导向，引导学生思考，大部分学生都能跳一跳，在互动中摘到思维的果实。

合作学习是一种结构化的、系统的学习策略，在"平行四边形"这一课中，为了更好地突破平行四边形的对边平行且相等这一知识难点，教师创设了由 4 人组成合作团队的方式，鼓励学生以合作和互助的方式开展探究活动，共同完成小组学习目标，在提高每个成员的学习水平的前提下，提高整体素养，获取小组奖励。具体过程如下：

课题	平行四边形	课型	新授
教学目标	1. 探索平行四边形的特征，初步认识平行四边形。 2. 通过动手操作与实验，在做中学，培养实践能力。 3. 理解平行四边形、长方形和正方形之间的关系。		

活动伊始，教师带领大家明确探究目标、探究方式，鼓励不同的探究策略。具体小组活动要求如下：

1. 观察黑板上的四个图形，同桌合作，完成学习单的研究。

这四个平行四边形有什么相同点，又有什么不同点？

在填写过程中，可以用看一看、量一量、画一画、想一想等方法。

2. 根据学习单反馈，整理表格知识。

	(1) ▱	(2) ▱	(3) ◇	(4) ▱
对边 （是否互相平行）				
对边 （长度是否相等）				
邻边 （是否互相垂直）				
四条边 （是否相等）				
图形名称				

合作探究是本堂课运用的主要探究模式，教师在充分了解学生已有知识经验的基础上，设计了本次活动。活动中，大部分学生能互相合作、共同探究。组长起到了领航的作用。有的小组一开始就讨论好，分工明确，测量、记录、复验，条理清晰，快速出结果；也有小组比较混乱，重复工作，在忙乱中出现相互指责、埋怨的现象，情绪掩盖了学习，分散了注意力。还有的小组，前部分探究非常顺利，基本达成一致观点，而在确定最终数据时，却产生了分歧，因为每个学生买的尺不一定是同一商家生产的，在精密度上会有差异，追求数据标准化的学生在这时质疑对边相等，组内发扬精益求精的求知精神，一致讨论确定最终结论，用同一把尺进行测量，结果相对会科学一些。在对边是否平行的探究中，小组成员之间更是出现了热烈的讨论，有的用对折图形的方法，有的用平移直尺的方法，有的用其他图形去比对的方法，大家集思广益，在类比、分析、举反

例等学习方法的运用中得出结论,着实激发了学习的兴趣,无形中产生了思维碰撞,引发高阶思维。最后各组以组长汇报、组员补充的形式开展汇报,在汇报时出现了争先恐后的现象,内在的学习驱动力驱使大家都想把自己小组的探究过程与结果与大家分享,大家都自信满满,在互相评价的和谐气氛中自然地运用看一看、量一量、画一画、想一想的方法进行思考,最终发现四个图形的共同特征:都是两组对边平行且相等。教学效果甚好。

在日常教学中,合作学习的基本教学模式为"合作设计→小组活动→反馈评比→归纳点讲",其主要通过讨论、争辩、表达、倾听及参与实践等形式来展开。教师根据教学内容、学生实际和教学环境条件等,选择有价值的内容,精心设计小组合作学习的问题,即具备探究性、发散性、矛盾性的问题,为学生提供适当的、带有一定挑战性的学习对象或任务。

"有效的数学学习活动不能单纯地模仿与记忆,动手实践、自主探究与合作交流是学生学习数学的重要方式。"合作学习是时代发展的需求,归根结底是鼓励学生为集体的利益和个人的利益而一起合作,在完成共同任务的过程中实现自己的价值。这样的合作,不仅可以改善课堂内的学习气氛,大幅度提高学生的学业能力,而且有利于学生加深对知识的理解与把握,有利于思维的融合与应用,有利于创新与发展。

(上海市嘉定区南苑小学　徐春兰)

课程创意 2-5　　谁围的面积大

创新意识的培养是现代数学教育的基本任务,体现在数学教与学的过程之中。合作性学习为每个学生发挥自己的潜能提供了广阔的创新平台,让学生能各抒己见、取长补短,有利于学生参与学习的全过程,尝试成功的喜悦。

学生个人的能力是有限的,在课堂上绝大多数时候发现不了实质性的问题,也提不出核心的问题。另一方面,双减政策的落实缩短了老师们教育教学的时间,很多老师担心学生课后没有时间写作业,又想利用课堂 35 分钟的时间写写作业,这样我们教师平常为了完成教学任务或是害怕教学失控，追求"无差错"的数学课堂，急于评判、急于寻求一个标准答案，使得部分学生被动接受知识。

知识可以传授，智慧不可以传授。你有一种思想，我有一种思想，交流后每人就有两种思想。合作交流学习给学生自由表现和张扬个性的时空，使每个学生的周围不断涌现激发其灵感的同伴，也能更好地促进他们群体意识的增进。教学环境是影响学生学习的外在因素，平等地对话、真实地表达、认真地倾听、深入地思考、善意地指出、愉快地接纳等，营造这样的课堂生态环境，让学生的内在合作情感受到刺激，使主动合作成为学生的内在需要，其重要性不亚于解决某个问题的方法。下面我以"谁围出的面积大"课例来阐述以合作交流带动群体思维的深入开展。

"谁围出的面积大"属于"综合与实践"板块，"综合与实践"是培养学生核心素养的重要载体，本课例希望让学生亲历综合运用知识，发展数学思维。

课的伊始，我创设这样一个真实的生活问题情境：百果园小农场王叔叔买了4只羊，他买了20米的栅栏，围了一个长8米、宽2米的长方形羊圈，平均每只羊的活动范围正好不少于4平方米，后来又买来2只羊，这会出现什么问题？你们能解决吗？

学生开始画图探究，在巡视时我发现了很多不同的想法。怎样才能让每位学生的智慧都得到尽情发挥？学生个体的想法基于自己已有的知识经验，往往是相对独立的、零散的。我改变了以往交流反馈的方法，先进行差错交流，将差错聚焦，避免那些片面的、错误的想法被正确的所掩盖、所带过，给学生提供发现问题并进行合作交流、反思纠错的机会。

生1："我觉得需要买10米，每只羊的活动面积至少是4平方米，那么两只羊就是8平方米。所以长需要增加4米，$2 \times 4 + 2 = 10$米。"立刻有其他学生举手提出来："你这样不对啊，原来的那个宽不是可以移出来吗？这样其实只需要8米就可以了啊！"刚才的第一个学生立刻拍着脑袋说："是哦，我怎么忘记可以移出来了呢！"又有学生举手："你们看我的，我只要2米就可以把面积增加8平方米。""怎么可能呢？"底下窃窃私语。这时，我说："他说可以，你们猜，他是怎么做的呢？"这时，学生又再一次进行主动探究，发现长不变，把宽增加1米，那只需要买2米就够了。顺着买8米到买2米的思路，就有学生会想："会不会还有比买2米更少的呢？"自然就还有学生会说："不用买,只要把羊圈围成长6米、宽4米的就可以了;或者围成边长为5米的正方形羊圈。"

在这样开放合作的教学环境中,学生的心理是安全的,思维是自由的,交流是踊跃的,互动是有效的。学生敢于大胆质疑和猜想,勇于标新立异。学生生成了一系列的核心问题:为什么买8米与买2米的面积是一样的? 为什么加在宽上面积就增加得多? 为什么长方形周长不变面积会变? 长方形的面积变化有没有规律? 用怎样的方法找出规律? 长与宽相差越大面积就越小,什么时候面积最小? 周长相等的图形中,正方形的面积是最大的吗? 整个教学过程中,这一系列层层问题的递进,突破了原有教学的天花板,学生在自己提出问题,进行猜想,验证与总结完善中,不仅对数学知识知其所以然,其求实、敢于质疑和创新的能力也得到了培养。

课堂上的知识建构分为个人知识建构和社会知识建构。这两种知识建构同样重要,自主学习是合作的基础。合作学习,让所有学生从最初的基于自己的已有知识经验形成的个人想法,通过不同想法的交流、思维的碰撞,有了"二次成功"的机会,有了充分思维的时间,有利于创新意识的培养。课例中学生自己发现和提出新的问题:"还有比买2米更少的吗?""哇,不买真的也行哦!"这是创新的基础。主动探究,学会思考是创新的核心。收集数据,归纳概括得到猜想和规律,发现"长与宽越接近,面积就越大","长与宽相等时,面积就最大",并加以验证,是创新的重要方法。

合作交流学习使得所有学生都能参与学习的全过程,让学生带着好奇心,在与同伴的交流中"学他"和"自检"。在一系列新颖问题的刺激下,学生兴趣盎然,不断异想天开,一次又一次感受到创新的美丽,体验到创新的乐趣。

(上海市嘉定区南苑小学　陈晓莉)

课程创意2-6　我是班级值日生

小学阶段是学生接受教育的初级阶段,校园生活就像是一个微型社会,在学校,学生不仅仅要学会文化知识,还要学会与他人相处,同他人合作。可现如今的孩子在家中大多都是家长捧在手心的宝贝,受到万千宠爱,家长对孩子的照顾可谓是面面俱到,长期下来,常常导致学生的个人意识过于强烈,在为人处世上,更多以自我为中心,在平时的学习与生活中也很少会与他人展开合作,合作意识薄弱,合作能力不足。

学校教育正提供了让学生交往与沟通、团结与协作的大舞台,引导学生养成良好的学习习惯、学会与他人共同探究。以学校、班级、小组构建起融洽和谐的集体氛围,从而在满足学生学习需求的同时,培养学生的合作能力,达成全面发展的目标,提高其个人素养。

校园生活的美好、教室环境的整洁,离不开值日生每日的辛勤劳动。我校十分注重学生的劳动教育,为此每个班级都有一份专属的《班级小主人行动》,每个孩子都有着属于自己的劳动岗位。但是在劳动中,也常常有分歧,低年级的孩子经常来打报告——

"老师,小季同学今天又忘记扫地了!"

"老师,今天的值日生扫得一点也不干净!"

"老师,麦麦拿讲台的尺子去顶着抹布擦黑板,差点把尺子弄坏了!"

……

最近班级的值日生们好像总会出点差错,隔三岔五就有人来反馈这些值日生工作不到位的情况,我思索再三,深感需要认认真真引导他们学会相互理解、相互合作。恰巧这学期的道德与法治课程中有一课就叫"我是班级值日生",在设计教学活动时,我就将班级的实际值日情况加入其中,引导学生在学习中感悟。小学的课程是一项整体教学活动,面向的是一个班级的学生,小组合作学习改变了以往教师讲授的教学方式,以学生为中心、让学生合作探究,我在这堂课上也运用了分组模式。

刚一上课,我就在大屏幕上出示了分组的情况,按照每一天的值日安排将学生分成了 5 组,还进行了位置的调换。在换座位的过程中,有的孩子就按捺不住好奇,举手问道:"老师,今天怎么跟平时分组不一样呀? 还要换座位。"我笑了笑,说:"请你们动动小脑筋,仔细想想为什么这样分组?"这时通过观察,他们已经发现了分组的奥秘:"老师是把同一天的值日生分到一组啦!"接着我们就开始了第一轮的小组合作交流,每位同学都在组内说出:"我是星期几值日,我做了……"在第一轮小组交流后,每位同学都对自己与同伴的位置有了清晰的认识,更加了解了彼此的职责。

随后,我又引导他们开始第二轮合作交流,跟同伴分享一下:"平时自己是怎么值日的? 自己的值日工作做得怎么样?"这一轮的交流也还算和谐,大家七嘴八舌地说着自己的值日工作,大都觉得自己完成得挺不错的。

接下来的第三轮合作交流,我给出的讨论主题仿佛在教室里丢了一枚延时炸弹:"你觉得同伴的值日工作做得怎么样?"一开始,同学们都互相赞扬组内的值日生劳动很积极,做事效率高。可渐渐地,各种问题开始冒出头,冲突也慢慢产生,同学们情绪也越来越激动。在周一值日小组的交流中,有两位负责扫地的同学争论了起来,互相指责对方扫地扫得不够干净;周三值日小组的交流中,他们针对负责倒垃圾的小凡同学开起了"批斗会",因为小凡同学总是套不好垃圾袋;在周五值日小组的交流中,他们说起了麦麦拿讲台的尺子去顶着抹布擦黑板,差点把尺子弄坏的事儿……在此起彼伏的争论声中,我赶紧请他们暂停了这一次的讨论,告诉孩子们,大家都很会观察,发现了同伴身上的亮点,也发现了组内值日存在的一些小问题,但是我们的最终目的是要把值日工作做好,发现了问题,就要学着去解决问题,一味地指责他人并不能起到解决问题的作用。我引导学生换位思考,理解被指责的同学心里面肯定也不好受,大家都是班级的一员,肯定都想让集体越来越好,要学会体谅他人的心情,学会友好交流,学会合作解决问题。

第四轮合作交流开始了,结合书本上的小故事,我请同学们思考交流:"如何合作,让值日工作更到位?"这一次,同学们都明白了,合作交流是为了解决问题,而不是互相指责。通过观看绘本故事,再与同伴共同讨论,大家都能给出解决的办法了。忘记值日? 其他同伴积极提醒。没扫干净? 大家一起监督再扫一遍。套不好垃圾袋? 同伴帮助一起练习。拿尺子擦黑板? 来跟高个子的同伴换一换……氛围又回归融洽,同学们也感受到了合作解决问题的快乐。

这堂课程有两方面的合作需求,一是值日工作上的合作需求,二是小组学习时的合作需求。通过这堂课的合作学习,同学们明白了值日时难免遇到难题,作为值日生应尽到自己的职责,其他同学也要理解配合值日生的工作,小组同伴间互帮互助,共同建设美丽班集体。通过小组合作的形式,同学们也明白了无论做什么事都不能过于以自我为中心,要学会考虑他人的心情,友好交流才能合作解决问题。

　　每个人都不是一个可以独立于世外的个体，都需要与他人交流、同他人合作。在整堂课中，我关注了学生与人交际表达的能力，关注了学生之间的彼此接纳、包容过失的意识，关注了学生主动思考、担当责任的品质。通过对几个主题问题的探索与讨论，引导学生在与同伴的小组合作学习中，学会倾听、学会表达、学会沟通，最终解决问题，提升自身的合作意识与合作能力。我认为，每一堂课，教师都应该精心设计合作学习的环节，引导学生由个人到小组、由小组到班级、由班级到校园、由校园到社会，将自己融入和谐的集体氛围中，不断提升自我合作能力，这也是学生终身发展的需求。

（上海市嘉定区南苑小学　章杰）

| 问卷设计 |
建构科学高效的合作模式

合作能力作为学生核心素养的基本面之一,需要教师在课程研究与实施的过程中设计培养学生合作性学习能力的教学环节,在此基础上通过教育教学过程的细化与深入,逐步引导学生学会与他人沟通合作的能力,并在合作过程中认识和发现自我价值,不断超越自我,提升学习品质与核心素养。基于以上出发点,本课题组结合本校教师队伍实际,设计以下教师问卷:

教师问卷

尊敬的各位老师:

你们好!

本次问卷调查是为了在我们学校开展关于《以"核心素养＋学习需求"为导向的学校课程深度变革研究》这一课题的研究,请老师们积极配合这一课题的研究。感谢您的参与!

1. 在学习生活中,您认为学生是否应该具有合作性学习的能力?(　　)

A. 是的　B. 没必要

2. 作为教师,您认为以下哪方面是培养学生的合作性学习能力时最重要的?(　　)

A. 与人交流的方式方法　B. 合作解决问题的能力

C. 分歧时的自我牺牲

3. 日常学习中,您认为通过教学是否能提升学生的合作性学习能力?(　　)

A. 能　B. 一般　C. 不能　D. 说不准

4. (多选)您认为可以通过哪些途径提高学生的合作性学习能力?
( )

A. 开展班级活动 B. 开展小组活动 C. 他人主动帮带

D. 小组奖惩机制 E. 其他_____

5. 当您看到学生在小组合作学习时不参与其中,你的做法是什么?
( )

A. 强制其参与发言 B. 耐心询问原因 C. 当作没看见

6. 您在班级中是如何进行分组的?( )

A. 按学号分组 B. 按座位分组 C. 学生自由分组

D. 按学生能力分组

7. 关于如何指导学生进行合作性学习,您有哪些合理化建议呢?

_____

示例:

① 教师要了解学生个人能力,因材施教,并且循序渐进地鼓励。

② 以小组形式完成课前学习单,合作学习结束后进行组内点评。

③ 合作学习前,要明确学习要求,过程中教师做好巡视指导。

④ 引导学生在合作学习中有组织有纪律,并且分工明确。

从小培养学生的合作意识和合作能力非常重要,让每个学生都具备合作性学习能力也是培养学生核心素养的重要一步。为了更切实地了解学生真实的合作性学习现状,同时更全面地了解学生对合作性学习的真实需求,本课题组结合本校课程体系,设计以下学生问卷:

学生问卷

亲爱的同学:

你好! 这是一份有关你们自己的调查问卷,你的意见相当宝贵,请如实填写,谢谢参与!

性别(　　) 年龄(　　) 年级(　　)

1. 你知道学校的校本课程吗?(　　)

A. 知道　B. 有一定了解　C. 不知道

2. 你对哪门学科或类别的知识感兴趣?(　　)

A. 文学知识　B. 科普知识　C. 文化历史

D. 体育游戏　E. 其他_____

3. 学校的校本课程中,你愿意参加的是(　　)

A. 合唱团　B. 体育竞技类　C. 艺术社团　D. 智力竞赛类

E. 表演类　F. 游艺类　G. 其他_____

4. 你喜欢的学习是和谁一起完成的?(　　)

A. 教师讲授　B. 同伴合作互动　C. 有经验的成年人协作完成

D. 自主完成任务　E. 家庭成员合作　F. 其他_____

5. 对你来说最有效的学习渠道是(　　)

A. 书本　B. 网络　C. 模仿　D. 别人传授

E. 经验积累　F. 其他_____

6. 你最想提升自己哪方面的能力?(　　)

A. 社交能力　B. 动手能力　C. 智力　D. 艺术素养

E. 心理素质　F. 其他_____

7. 你对学校的校本课程有什么意见和建议?

_____

示例：

① 希望校本课程多一点趣味性的游戏。

② 希望有更多探究性、开放性的问题。

③ 希望评价的方式可以更多一些。

| 调查报告 |
合作，成为快乐和谐的人

一、调查背景

学习需求源于学习目的与学习动机。学习需求分析是以学习者为对象,用科学的方法收集信息,了解其在学习上的缺失或不平衡,并寻求满足其学习需求的对策的过程。学习需求分析也可以以教学开展者为对象,有利于教学目的、教学环节、教学评价等的设计、实践与反思。总之,学习需求分析是学校课程设计开发中一个不可或缺的重要环节,也是课程设计开发的重要依据。

合作性学习的特点就是以学生为主体,通过启发和引导,让学生以各种形式的合作学习小组,在平等、和谐、热烈的"合作场"中,进行合作性的学习和实践活动,这样能充分调动学生学习的主体性,使学生成为学习的主人。所以合作学习是主体性教育,通过合作学习培养学生的主体性意识、主体性精神、主体性能力和主体性品质,从而为学生将来成为社会主体性人才打下扎实基础。合作性学习在提高学业成绩、形成学生对学科的积极态度、发展批判性思维能力等方面有着积极的作用。因此,注重学生合作性学习需求的满足也成为了教师通过课程设计和实施提升学生学习素养的有效途径。

为了了解南苑小学学校课程开发和实施过程中对学生合作性学习需求的体现情况以及教师如何通过教学有效致力于学生素养的提升,本课题组进行了此次调查。

二、调查对象与方法

1. 调查对象
2020 年 7 月,运用问卷的形式对南苑小学全体学生和教师分别进行调查。

2. 调查方法
本次调查以无记名问卷的方式收集到一定数量真实可靠的原始数据,借用学校钉钉平台对我校在校学生及教师进行调研并形成数据。

三、调查结果与分析

1. 调查结果

本次调查共发出问卷 1 064 份,其中学生问卷 934 份,教师问卷 130 份。回收学生问卷 927 份,其中有效问卷 927 份;回收教师问卷 130 份,其中有效问卷 130 份。

2. 调查结果分析

(1) 对校本课程知晓程度高。在学生问卷中,92%的学生知道且了解学校校本课程,8%的学生对校本课程有一定了解。可见学校"大风车课程"的开发和实施,无论是在学生知晓度还是参与度上都体现了普遍性。

(2) 对合作性学习需求的认可度高。在学生问卷中,所有学生都认为合作性学习的学习渠道是多种多样的,47%的学生认为书本仍是最能提升个人合作水平的主要途径,33%的学生认为经验积累也非常重要;在教师问卷中,100%的教师认为学生需要具备合作学习的能力。可见无论是学生还是教师都认为在学习过程中合作性学习是非常重要的。但是对于合作性学习的达成程度方面的需求来看,教师讲授占 11%,同伴合作互动占 61%,自主完成任务占 17%,家庭成员合作占 11%。与此同时,85%的教师认为通过教学能有效提升学生的合作性,而合作解决问题的能力则是大部分教师眼中最能培养学生合作性的有效途径。可见课堂作为教学的主阵地,仍然承担着培养和提升学生合作性学习能力的重要使命。

(3) 对合作性学习能力培养途径多元化的认可度较高。针对如何培养自己合作学习的能力,5%的学生认为开展文学知识类课程可以提高自己的合作能力,28%的学生希望开展科普知识类的课程,25%的学生希望学校多多开展文化历史类的课程,34%的学生觉得在体育游戏中能培养合作学习的能力,8%的学生认为其他课程中也能开展合作学习的模式,如茶艺、折纸等课程。这体现出学生对合作性学习能力的多元化认知和理解,以及对培养途径的多种需求。这一点也体现在学生对校本课程的教学目标认知上,42%的学生认为体育竞技类的课程有利于提升合作学习的能力,而其他学生也认为智力、艺术、表演等课程也能满足自身对合作学习能力的需求,体现出学生对合作学习能力提高和全面发展的需求。而教师们也对培养学生合作性能力的方式有多种理解，其中小组活动和班级活动都成为了教师的首选，同时也有部分教师提出要了解学生的个人能力，因材施教，并且循序渐进地鼓励学生进行合作性学习，这都代表了现代教学系统未来发展的方向，符合时代的需求。

四、合作学习的应用策略

要想将合作学习这种学习模式切实有效地运用进课堂教学中，除了之前提到的要合理地分组和及时地评价之外，教师还可以从以下几方面着手，让合作学习更好地提升教学效果。

1. 做好课前学习，保证教学有效

教师可以设计一张课前学习单，让学生先做好预习工作。在小组合作学习的过程中，学生可以通过预习的方式，提前了解教学内容和相关知识点。在课堂上，教师可以根据小组预习的情况分析小组存在的问题，对不足之处进行针对性指导，有效地提高课堂教学的质量。尤其是一些需要前期准备充足资料的探究课、拓展课，在预习中学生也可以分工合作，认领各自的任务，为在课堂上的小组合作打下一定的基础。

2. 营造良好氛围，提升课堂参与

小学阶段的学生性格还是比较活泼开朗的，合作交流时也勇于发表自己的意见。此时，教师适当地引导可以为小组交流营造更好的学习氛围，让组员们都乐意参与小组合作。比如美术课"方体的组合"一课中，如果每位同学各完成一幅作品肯定是来不及的，那就需要小组合作。成员们在思考构图、分工绘制、摆放剪贴的步骤中，都要不断地交流，不断地尝试，最终在和谐的学习氛围下集体完成作品。

3. 拓展思考空间，提升综合素质

一个人的想象是有限的，因此要借助集体的力量。但是，教师在利用小组合作的学习方式时，一定要注意给予学生足够的思考和讨论的时间。不同的学生会有不同的想法，学生在听了他人的意见后，一定会对关键问题产生更多的看法。那么，原本自己一个人解决不了的问题在团队的合作中迎刃而解。学生在合作学习中能够体会到通过自己解决问题的成就感，在拓宽思考空间的同时，也提升了综合素质。

4. 促进课后练习,巩固学习所得

"温故而知新,可以为师矣。"教师在课后也可以布置一些灵活的作业,以合作学习的方式帮助学生巩固课堂知识点,增强学习的效果。例如,语文课用配套材料让学生练字,那教师可以让学生在小组中比一比谁写得最好,如果有错别字,就互相指正。学生通过这样的合作学习,有效地巩固了所学知识。

总而言之,教师一定要注意引导、优化合作学习的过程,激发学生的学习兴趣,调动他们学习的积极性,切实培养他们团队合作的能力,让小组学习真正发挥其价值。

第三章

审美性学习需求：美是有力量的

美是有力量的。当每一个公民都葆有发掘美好的眼睛与心灵，拥有完善的性格、更富情趣的人生和更高的精神境界，这将不仅是个人之福，也是国家之幸。没有美育的教育是不完整的。审美性学习有利于滋养敏锐的审美耳目、充沛的审美情感和健康的审美灵魂。学校美育应让美听得见、让美看得到、让美用得上、让美留得住、让美带得走，引领儿童成为具有才情美、体格美、智能美、品行美、创造美的新时代少年。

美好的事物人人向往，但若是缺少发现的眼睛，它也容易被遮蔽。儿童画展上，小孩的作品上有一个洞，评审们好奇地问："这是不是一幅破损的作品？"小孩说："这是进入世外桃源的入口。"孩子的答案，耐人寻味。如何擦亮发现美的眼睛，是一个需要全社会去回答的课题。有时候，为美而献身，比为面包而活着更加幸福。当每一个公民都葆有发掘美好的眼睛与心灵，拥有完善的性格、更富情趣的人生和更高的精神境界，不仅是个人之福，也是国家之幸。

美是有力量的，没有美育的教育也是不完整的教育。几千年前，孔子就提出"兴于诗，立于礼，成于乐"，强调审美教育对于人格培养的作用。2020 年 10 月，中共中央办公厅、国务院办公厅印发《关于全面加强和改进新时代学校美育工作的意见》，清晰界定了学校美育在学生成长中的意义和价值。对当代小学生而言，审美性学习有利于滋养敏锐的审美耳目、充沛的审美情感和健康的审美灵魂，能够在快节奏的现代社会中化喧嚣为宁谧，化污浊为洁净，化粗粝为优雅，化俗滥为精致，化繁琐为便捷。因此，学校应该将美育工作和特色建设紧密结合，坚持探索与实践"让美听得见、让美看得到、让美用得上、让美留得住、让美带得走"的美育实施路径，全面提升学生的美育素养，有效引领学生成为具有才情美、体格美、智能美、品行美、创造美五种美育特质的新时代少年。

▍核心观点▍
美学的目标是引导精神生活

　　审美，可以从很多方面提高人们的文化素养和文化品格。美学的目标在于引导人们重视精神生活，对生活有着高远的追求，提高人的艺术境界。每个人看到事物的内涵都是不同的，同一个点往往又可以从很多方面去思考、去感悟，这就是审美。

一、审美性学习的重要性

　　《中共中央、国务院关于深化教育改革全面推进素质教育的决定》指出："实施素质教育，必须把德育、智育、体育、美育等有机地统一在教育活动的各个环节中"，并且突出强调美育"对于促进学生全面发展具有不可替代的作用"。这是对素质教育内涵的深刻理解，是我国教育指导思想的重大转变。美育，即审美教育，其根本任务在于提升审美主体的素养，培养正确的审美观、审美的感受力和美的创造力。审美教育的根本意义就是要造就和谐的人，个性丰富的人；[①]要培养德智体美劳全面发展的"五有"学生。美育便是指培养学生的审美观，发展他们鉴赏美、创造美的能力，培养他们的高尚情操和文明素质的教育，由此可见审美对于现代的学生有着至关重要的地位。

　　发展心理学家皮亚杰认为，教育的首要目的是造就批判性思维的头脑，敢于验证的头脑，而不是人云亦云的头脑。审美教育正是以其自身所蕴含的人文精神，在情感、态度与价值观上沟通美术与自然、社会之间的关系，让学生用已有的生命经验，认知感受，在审美过程中，充分尝试对理想、愿望、情感、道德、尊严、智慧、美、爱、自由的独特理解，从而在对学生的已有发展水平和可能发展潜力作出准确判断，充分发挥学生的主观能动性，使所有学生都在其已有发展水平上有所发展，都在其可能发展的范围内充分发展，以此促进社会意识向学生个体心理品质的内化。[②]

---

①　糜静.试论审美教育在素质教育中的重要性[J].山西高等学校社会科学学报,2000(07):61—62.

②　郑娜.论新课程标准下审美教育的重要性[J].福建论坛(社科教育版),2005(S1):138—141.

由此可见,审美性学习需求与其他学习需求有着紧密的联系,亦可以帮助其他学习需求的提升。学生通过多种多样的欣赏,为今后的自己打下坚实的基础。

二、关于审美性学习的范围

不仅仅是音乐、美术课中需要审美,语文、数学、英语课中同样涉及审美。小学阶段的语文课大都包含着丰富的情感,学生只有理解了作者的表达情感,才能够有一种积极向上的学习信念。因此,语文教师可以让学生采取小组合作的学习方式,通过讨论学习仔细地分析文章中所表达的形象,这样学生才能够抓住文章的形象特点和情感特征,体味文章中所表达的美与丑,树立更高的审美学习观念。①

例如在学习二年级上册《我要的是葫芦》一课时,教师可以让学生对种葫芦的人进行形象分析,让学生有感情地朗读,来体会种葫芦的人在面对邻居给他的劝告却仍然不予理会的形象。学生在老师的带领下分析种葫芦的人的形象特点,如果今后再遇到此类问题,千万不能酿成这样的后果。只有学生设身处地地思考了文章的内容之后,才能感悟出语文知识学习的美。

在小学数学教学中,教师要让学生感知简洁、对称、奇异之美,激发学生的学习欲望,引领学生感知、表达、计算,促进他们审美力、创造力的提升。教师要由"知识传授"向"学生发展"转变,以活动促进学生的数学思考,让他们体验到学习数学的快乐。② 例如在学习三年级"轴对称图形"一课时,教师带领学生进行折、剪等活动,让学生感悟对称的美,提升了鉴赏能力;又将数学与生活联系起来,向学生展示了生活中的轴对称图形,学生在这一幅幅图片中感悟对称之美。

在英语学习中,学生可以感受到:英语字母的简洁之美,英语朗读的意韵之美,略读、弱读的流畅美,拟声的形象美,音韵与内涵相结合多重美,③同时也可以感受到英语文化的认知之美。

小学美术课程的开设不仅有利于学生审美鉴赏水平的提升,还起到美化学生情操

---

① 冯建明.浅谈小学语文教学如何培养学生的审美能力[J].考试周刊,2019(A0):24—25.
② 辛艳华.强化数学审美,提升学习兴趣[J].科普童话,2020(09):31.
③ 陆忆.从激发学生的审美需要谈如何保持学生英语学习的兴趣[J].阅读,2019(ZE):37—41.

的作用，且从深层含义分析，更起到丰富学生思想、健全道德理念的作用。例如在《最后的晚餐》这一幅作品中，老师可以引导学生发觉其中的善恶美丑，从美术作品中真正感受人性的善面和丑面，从知识到作品欣赏，再到生活认知，实现美术审美教学层层递进、多方面导入的效果。①

三、提升学生的审美能力

影响人的审美能力的主要是一个人的成长环境。人的成长离不开家庭、社会和学校教育。审美能力是可以后天培养的，而审美能力的提升是一个需要长期积累的过程，审美提升的方向是多维度的。朱光潜先生说过一句话："不通一艺莫谈美。"意思是说审美必须有审美的知识，具体到审美教育，就需要让学生学习一些审美教育基础知识，即如何欣赏和审美。学会欣赏后就要培养学生创造美的能力，回归到我们的美术教育的课堂。在剪纸、陶艺、绘画、设计、综合等课程中，要让学生在熟悉的生活中寻找相关素材，再让学生选择适当的工具创建一个符合其艺术形象的作品。②

因此，学生的审美能力缺少不了老师的培养，老师应该重视学生的审美性需求，并在众多方面有所展现。

重视美育工作，提高学生审美能力和人文素养是素质教育的强烈要求，也是中国特色社会主义建设事业接班人培养的必然选择。学校应当将课程安排的比重稍向美育倾斜，注重培养学生的综合能力素养，促进学生的全方位、多方面综合发展，使其能够成为一个拥有一定审美能力和人文素养的合格的中国特色社会主义建设事业接班人。③

审美性学习伴随学生的一生，而学生在这些学习中又会感悟美、了解美。因此，教师也应该为学生的审美性学习而继续去学习，努力培养"懂美、爱美"的新时代青年。

---

① 王桂兰. 浅析小学美术教学中如何培养学生的审美能力[J]. 科幻画报，2019(11)：256.
② 常蕊. 当今社会如何提高学生的审美能力[J]. 黑河教育，2021(04)：77—78.
③ 本刊编辑部. 全面加强改进美育工作，提高学生审美能力和人文素养[J]. 天津教育，2021(03)：1.

▌ 课程建构 ▌
丰富儿童的审美性学习经历

审美性是人类审美意识的集中体现,它离不开人类的社会实践。现实中的内容可以通过人们的创造变为有艺术感的物品,我们也能从图画、语言中感受美,因此,美是无处不在的,我们要用善于发现美的眼光去看身边的事物。审美是真、善、美的结晶,学生提升审美鉴赏能力,有助于用美的规律和美的理想去改变世界,当互相交流想法后,他们会发现更多的美。

美育是素质教育中不可或缺的一个部分,学生的全面综合发展离不开美的教育。审美是儿童发展中不可缺少的能力。审美性学习需求包含几个关键词。第一,欣赏。学生要发现美,必然要先会欣赏美,例如语文文章中那些优美的语句,形象生动的动作描写;英语中抑扬顿挫的语音语调;美术课堂中那一件件艺术作品,这些都能培养学生欣赏美的能力,而学生在这些课堂中,也会有感而发,表露出自己的真切感受。第二,操作。动手操作是学生将自己对于美的感悟表现出来的形式,他们能用语言、用文字、用实物去模仿自己感受的美,将自己的想法表达出来。第三,创造。在经过欣赏、模仿之后,有些学生便会产生自己的想法,创作出属于自己的美好事物。

图 3-1 是我校开展审美性学习需求的课程框架图。

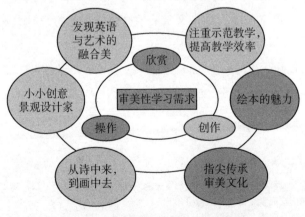

图 3-1　审美性学习需求的课程框架

南苑小学在雅美教育的文化熏陶下，进一步更新课程理念，充分考虑学生的审美性学习需求与情感体验："发现英语与艺术的融合美"课程侧重培养学生的英语语音语调，要学生读出优美的英语；"小小创意景观设计家"课程让学生学会自己动手制作作品，感悟作品中的美；"从诗中来，到画中去"课程让学生感悟诗句中的美，能依靠诗词想象出画面；"指尖传承审美文化"课程利用劳动与审美的结合，让学生在缝补艺术中感悟作品的美；"绘本的魅力"课程利用各式各样的绘本，让学生在图画中明白道理；"注重示范教学，提高教学效率"课程借助示范教学，让学生在动手操作中形成对艺术的欣赏。

课程创意 3-1　　发现英语与艺术的融合美

语言是人类社会交际的主要工具，通过语言人们可以达到相互交流思想的目的，语言也是我们和别国进行沟通联系的纽带。因此，我们在学习英语的时候，要从审美的意向去发掘探索，感受外国语言的万种风情，感受语言本身的韵律美、节奏美，并从中获取审美感知。我们在学习中国诗歌和散文时，老师总强调学生要朗读或背诵，要求他们读得声色既俱，要吟要唱，从中品味每个字每个词以及每个句子的滋味，从而感受它的语言美。学习英语也是如此，要读得言清气爽，节拍分明，音调流畅舒缓。英语语言本身的奇妙韵律美和节奏美：舒缓时如溪水潺潺，轻快处似山泉叮咚，情绪高涨时如瀑布呼啸。在教学中，教师要挖掘教材中美的因素，向学生展现英语的美，培养学生的审美观念、审美能力、创造美的能力，使学生在掌握知识、发展能力、陶冶情操的同时获得审美的享受。然而，与中文相比，英语课又很容易被讲成单纯的语言课，从语言到语言，为语言而语言，原因是学生在英语语言上障碍很大，教师首先要面对的问题是帮助学生记忆单词和分析语法，而这样的教学结果往往把有完整内容的东西拆成了凌乱的词组，学生因此会感到每一篇文章都雷同，从而失去新鲜感。因此，英语教师一方面需要为学生清除语言障碍，另一方面也要让学生看到文中之道，把文章作为一个有机的整体来教授。让学生明白这样一个道理：英语是语言，它是要表达内容的，我们不能只顾形式，而对内容视而不见。因此，小学英语教学在培养学生的兴趣和良好的语感，培养学生形成用英语进行听说读写的交际能力和自学能力的同时，还应重视发展学生初步欣赏英语言美的能力。

教学片段一

1. 知道本课的学习要求:(1)表达时声音响亮;(2)表达时清晰流畅;(3)表达时情感丰富。

2. 了解故事背景,结合美术课的学习背景,在艺术中学习。

3. 欣赏视频,感受视频中颜色的魅力。

4. 词汇 sky:展示不同颜色的天空,欣赏天空中的云朵,感受天空的美丽。

5. 朗读 chant:用优美的语音语调,富有韵律地朗读,吟诵出天空美丽。

6. 词汇 sea:欣赏大海的视频,感受大海时而平静温和、时而波浪滔天。用"Look! I can draw... It is... There is/are... on the sea. How...!"绘声绘色地描述大海带来的情感体验。

7. 词汇 mountain:听 Danny 对大山的描述,感受 Danny 对大山的喜爱,学会介绍山的不同颜色。

8. 朗读 rhyme：用优美的语音语调，富有韵律地朗读，吟诵出如同大山的气势。

9. 尝试用"Look! I can ... They are ... There is/are on ... How ... !"绘声绘色地描述大山带来的情感体验。

10. 词汇 river：欣赏视频，猜一猜 Miss Fang 画的是什么。学会介绍河流的颜色以及河流里有什么，感受小河潺潺的美丽。

11. 尝试用"Look! I can ... They are ... There is/are on ... How ... !"绘声绘色地描述河流带来的情感体验。

教学片段二

1. 整体欣赏四个词汇对应的四幅图片，学生选择自己最喜欢的衣服图片用"Look! I can ... They are ... There is/are on ... How ... !"进行描述，教师提醒学生要优美地朗读，表达出喜爱的情感。

2. 欣赏我校学生在美术课上画画的照片以及学生的作品，倾听创作者介绍他们的作品。

3. 学生们走上讲台将自己的画展示给所有学生看，并且用"Look! I can ... It is/They are ... There is/are ... How ... !"介绍自己所作的画。让说者与听者都感受到学生对于颜色运用的熟练与喜爱。

英语受到了多民族、多国家语言的影响，其本身就有着独特的韵律美、节奏美。单词和句子具有千变万化的轻重音、升降调。不同的语境，不同的情绪，其读音又有着微妙的变化。那轻重起伏，那抑扬顿挫，才能真正地使学生感受到语言本身奇妙的韵律美和节奏美。就如同在课堂中，学生朗读 chant 一般，有轻有重，有升有降，充满乐感的语调使学生在学习中毫无枯燥感，且在心理上产生了愉悦、兴奋的审美感受，这种情感的体验直接而鲜明，学生在通过对语言的外壳——语音的审美感知后，能够比较顺利地将获得的美好情绪体验上升到对英语学习的喜爱上，由此形成一种良性循环。

列宁说过："没有人的情感，就从来没有也不可能有对真理的追求。"情感是一种强烈的推动力，它推动着人们去探索、去追求、去发现、去创造。英语学习正是激发学生的情感，使学生在情感的共鸣中形成对自然美、艺术美的认识。如果教师在讲解时忽略了对内容情感的挖掘，只停留在课文中词句的讲解，就无法引导学生进入艺术的世界，去欣赏、去体会文章的美丽，更谈不上培养和提高学生的审美感受能力。

罗丹说过："美是到处都有的。对于我们的眼睛，不是缺少美，而是缺少发现。"教材中的美、教学过程中的美是丰富多彩的，问题在于我们是否能发现它、欣赏它。由于"教育过程本身就是一种艺术的事业"，那么教师就应该是美的传播者。教师的任务一方面是要教会学生掌握基本的审美知识，帮助学生培养高雅的情趣和健康的情感，学会去发现美、欣赏美；另一方面教师还要通过有效的教学行为去调动学生发现美的积极性。师生双方共同创造美的学习过程，使学生感到上课时一种怡人的审美享受。而学习过程中形成的美感，又能激发学生学习的兴趣和热情，达到理性认识和情感活跃的和谐一致，并化为追求知识的巨大动力，促进其思维的发展。

（上海市嘉定区南苑小学　胡佳婧）

课程创意 3-2　　小小创意景观设计家

"景观"是围绕人的工作、学习、生活等产生的艺术化的空间景象。它是人们精神与物质结合的综合表现，既是通过空间形态来表达文化，也可以是通过环境形象来传递文化。因此，景观是艺术美与文化美的综合体现。

"设计"是围绕主题从无到有的一个创作过程，在本课程中，它包含着学生对于各种不同的身边景象所进行的设计，由感官引申到不同的内涵，体现较高的艺术价值。

"创意"是设计的源泉，不同学生对于不同的主题有自己独到的思考，因此创作出来的作品也大不相同。

人类是感官动物，拥有善于感悟美、发现美的眼睛。小学美术学科的设立不仅可以帮助学生学习各项技能，还能通过这些内容培养学生的审美能力，提升他们的鉴赏能力。学生可以通过观察生活中的点滴，来制作一系列作品。本课程围绕生活与自然，基于学生对于手工课的热爱以及激发学生创意灵感、提升学生综合素养的目标，将多种美学融合在一起，培养学生各方面的能力。

同时课程也鼓励孩子使用多种元素、多种材料，来表达自己心中的所思所想；亦可利用手边的废旧材料进行再创作，变废为宝，配合无穷想象力，创作出一个个不一样的作品。学生在这一个个作品中，发现美、感悟美。

课程内容

本课程以"创意景观制作"为主题，面向全年级学生，让学生通过大胆设想、结合经验、共同实践来建立不同的场景，实现天马行空的想象。主要内容如下：

（一）都市

本模块以激发学生创意灵感，促进学生艺术性、多元性、个性化等综合创意思维的发展为目标，以立体造型构成为主体，将自然景观、人文景观和未来景观相结合。设计摩登都市，利用刮蜡纸先画出城市的图画，再将纸盒用铝箔纸进行外包，利用铝箔纸的镜面效果，反衬出景色风貌。制作城市道路，利用超轻土等材料，将小车模型进行重新包装、涂色，设计成一辆辆富有特色的汽车，接着利用白纸，在上面画出城市道路指向图，模拟一个城市道路交通的实景图。

学生在此活动期间，还需收集各式的特色建筑，确立自己喜欢的建筑风格。随后利用纸盒和铝箔纸对房屋进行建造，并利用超轻土加以美化。

（二）森林

创造"我的小小世界"，将沙土、多肉类植物、鹅卵石以及塑料人偶等放入一个球形容器，进行组合，制造出一个类似于森林景观的作品。在此基础上想象一座奇幻森林，使用超轻土等材料，塑造出一个个各式各样却又有一个特定主题的建筑模型，配上树木、河流等，设计一个自己梦想中的迷幻森林。

学生在动手的过程中，会模仿自己之前观察的自然界的种种风景，并发挥自己的想象，对配色等都会有思考。

（三）海洋

学生在此模块中,先利用各式各样的彩纸以及超轻土等,手工制作出不同形状的鱼、珊瑚等海洋生物,然后通过前景、中景、后景三大板块来组成一个个海洋景观。

随后学生发挥自己的想象力,进一步丰富海洋景观。

（四）校园

学生利用手边的材料,在对原有学校的认知上,根据自己的想象制作出一个不同于现代校园的梦想校园,可以是具有不同的功能,亦可以是有不同的装饰,完全发挥想象力、创造力以及动手能力。除了常见的彩纸、超轻土外,也可以利用吸管的可延伸性以及颜色的多样性,制作设施或者房屋等。

本课程的内容包括三个方面:一是学生自己画一画梦想校园;二是学生通过小组合作,利用手中的材料制作梦想校园;三是互动交流。

本课程的基本思路是:先给学生介绍一下现实中的学校拥有哪些建筑,例如本校的"气象风铃园",接着学生在草稿纸上画一画自己的想法,把想要做的梦想校园呈现在纸上,包括利用哪些材料等。然后学生可以小组合作,选择合适的材料进行制作,教师从旁提供帮助,当学生有不会制作的东西时及时提供制作意见。之后教师观察学生的作品完成情况,提出完善建议。最终小组交流,学习他人好的地方,互相点评。

在展示交流的过程中,我们可以融入多元化的评价环节。运用学生自评来使学生学会总结,运用学生的互评来告知学生的不足以及优点,让学生在点评的过程中感悟美的存在。

（五）四季

安排学生按组制作春夏秋冬四季场景,每一组选择一个季节。主要在透明板上绘画房屋,并捏制超轻土人物,再根据不同的季节配上不同的颜色和物体,例如:春天可以呈现出五颜六色、花开遍地的草坪;夏天的沙滩海浪也是学生可以选择的景象;秋天的落叶、庄稼丰收的场景是学生第一时间想到的;冬天则是以冷色调为主,可以利用白沙制作白雪皑皑的群山等。

在这一课程中,学生通过自己的生活经验将一幕幕景象制作成作品,促进了学生的艺术性的创作,让学生将作品与自然景观融合起来,使其明白美都是源于生活的,我们要多观察生活。

带领学生走进大自然，感受大自然的美。大自然中拥有天气、树木、河流等，是学生能一直在生活中感悟到的，是最能接触到的，他们可以从这些地方感受最基础的色彩、明暗、线条等，也能从中感悟到生命，这一系列的美让他们在完善着自我的认知，让他们开始对美有了初步的认识。

学生通过对自然的了解，进行了自我的升华，开动了脑筋，对自然界中的事物展开了想象，创作出了一幅幅精美的作品，这便是学生对于美的感悟。

（上海市嘉定区南苑小学 张维）

课程创意 3-3 从诗中来，到画中去

人除了物质生活的需求之外，还有精神生活的追求。家长时刻关心照料着孩子的物质生活，让他们吃饱穿暖，而在精神生活中呢？我们不可避免地注意到了，孩子也有审美性的需求。审美活动是学生的一种从自己的视角出发的人生体验活动。那些真实或是虚幻的意象世界照亮一个诗意的人生，使人超越有限的固定规则，回到人和世界原初的交流，从而获得一种单纯的喜悦和一种精神境界的提升。

学习古诗有利于培养学生的想象力。古诗具有简洁、抒情、篇幅短小而内容丰富的特点。在学习中，要想充分了解诗中意境、诗句的言外之意，就要靠学生自己去补充和领悟，这就需要学生发挥想象力。对于小学生而言，他们有丰富的想象力，可以利用古诗作为一个起点，去联想、补充和创造，构设想象中的图画。古人云"不著一字，尽得风流"，即是这个道理。低年级的学生由于识字量的限制，缺乏对大段文字的理解能力，缺乏认识发现文字魅力的机会。趣味古诗通过丰富多样的古诗教学让学生对文字产生兴趣，体会到文字的音韵美。

教学片段一

激趣引入：

1. 小朋友,今天老师给大家带来了一位新朋友。看看这位新朋友的打扮和我们大家有什么不一样?(出示诗人形象)

预设:学生发现图片上的人穿着古代的服装,是一位古人。

2. 介绍诗人:他是古时候的一位诗人,他曾经生活在一千多年以前的唐代,他就是"初唐四杰"之一的诗人骆宾王。他在七岁时,写了一首非常著名的古诗《咏鹅》。

(教学说明:出示诗人的图片引起学生的好奇,通过引导孩子观察古代衣饰感受古韵。激发学生兴趣的同时也为后面对古诗的学习做好铺垫。同时借助小朋友对于古色古香图片的审美兴趣营造了学习古诗的学习氛围。)

教学片段二

整体感知:

1. 有一天,骆宾王正在河边玩,忽然他看见了几只白鹅。他看见这些美丽的大白鹅,喜欢极了! 于是他便写了一首诗来夸夸大白鹅。题目就叫《咏鹅》。今天我们就要和骆宾王一起咏一咏这些可爱的大白鹅。

学生跟随老师伴着音乐诵读古诗,了解古诗含义。

2. 了解了诗歌的意思,知道了骆宾王眼中的鹅是什么样子的,你们心目中的鹅又是什么样子的呢,跟着音乐来试着模仿一下鹅的动作吧!

生:模仿摇头摆尾的得意的大白鹅。模仿在水中悠闲自在游泳的大白鹅。模仿和伙伴一起引吭高歌的大白鹅。

(教学说明:古诗之美包含了朗读时朗朗上口的音韵美,本教学环节旨在让学生通过亲身尝试进行体验,最终做到能用自然、轻柔、有感情的声音诵读《咏鹅》;引导学生体会鹅的悠闲自在,展现鹅的美;能用恰当的身体动作,表现鹅的姿态,大胆地随乐参与表现。)

教学片段三

创意绘画:这首诗写得活灵活现,里面用到了许多表示颜色的字以及许多动作,让老师一听到这首诗脑海里就浮现出了一幅色彩缤纷的画面来。请你也来找一找,诗中藏着哪些字词让我们感受到颜色的多彩,又有哪些字词让我们仿佛看到了大白鹅的种种动作?

生:白毛,红掌,清波。拨,曲项,向天歌……

师：你有一双善于发现美的眼睛，是呀，骆宾王的诗中有着缤纷的色彩，生动的动作，老师的眼前仿佛也出现了一群神气活现的大白鹅，你的眼前出现了怎样的景象呢？请你也来画一画吧！

（教学说明：通过引导学生发现并关注诗中表示颜色与动作的字词，将抽象的文字具象化，感知诗人当时的所见所感，再加以联想与想象，通过画笔将之表现出来。在绘画时，大部分同学能够画出鹅的基本特点，如白毛、红掌等，同时在画到周围景色、鹅的数量、姿态动作等方面时，不同的孩子有着不同的创意，充分发挥了孩子的想象。）

人们对美的欣赏或者说对美的鉴赏，可以分为审美感受、审美联想、审美意境三个层次：审美感受是一种主观的东西，主观的审美认识、主观的情感体验，这种主观的东西往往更多地带有个人的色彩，更多地受到个人的社会经历、素质、理念、修养、经验、情趣、心境的影响，由于小学生对于世界的认识不深，他们的审美反而有一种质朴的美。在古诗学习时，他们对于诗句最初的认识就是简短、好听、朗朗上口，这正是古诗最基本的韵律美的体现。

而审美联想则是在审美感受的基础上实现的。从对一首诗的基础理解认识开始，了解诗句说了什么，但是短短的诗句怎能写出太多的东西来呢？于是，少数的几个意象、几种颜色都成为了孩子想象的基石，生出无穷无尽的美的联想。简单地说审美意境于我的课例而言是一种情感的简单体现，学生从诗句里、从想象中感受体验诗人的各种情感。在本课中，借助于联想和想象，孩子可以超越时空的限制，既取得感受上的相对自由，又取得更深、更高层次上的美学感受与自我实现。

（上海市嘉定区南苑小学　张妍玲）

课程创意 3-4　指尖传承审美文化

本课程旨在在审美教育的基础上提高孩子的劳动意识，将审美教育与劳动教育相结合。现在的小学生具有较好的可塑性和极强的模仿力，这就要求教师及家长在学生面前的言行一定要谨慎，要让学生在我们身上感受到精神之美、文化之美、艺术之美。

要让小学生知道,真正的美是一种优良的道德品质,一种高尚的爱国情感,一种良好的审美情趣及文化品位。为了传承中华传统手工艺术,我将"缝线"作为创新课程,将培养孩子的审美与劳动意识作为核心目标。

当前,中小学生劳动教育越来越受到党中央的高度重视,劳动教育已成为培养全面发展的社会主义建设者和接班人的重要内容之一。但由于种种原因,教育方针在班集体中并没能得到很好的贯彻执行,孩子和家长忽视劳动的现象还比较普遍。2017年,在刚刚任教四年级时,我们根据班级现状开展了调查。

调查手记之一:"光荣"变身"惩罚"

都说劳动最光荣,但在某些学生看来,劳动已经成为个别老师的惩罚手段:没写完作业,罚扫地;上课讲闲话,罚拖地;损坏公物,罚扫厕所。这种所谓的"劳动教育",往往使学生认为劳动并不是一件光荣的事情,而是犯了错误才进行的"劳动改造"。长此以往,学生对常规劳动产生抵触情绪和逆反心理,甚至鄙视、厌恶劳动。

调查手记之二:家长越俎代庖

通过调查,我们发现不少家长望子成龙,为了争取让孩子拥有更多学习文化知识的时间,大部分家长会把孩子必要的劳动全部包揽下来,个别家长还到学校替学生做值日。学生认为劳动不是自己的分内之事,理所当然地把劳动交给家长,家长也欣然接受。

调查手记之三:"劳动争章"贬值

"拖拖地,扫扫地。擦完黑板排桌椅。"从孩子无奈的顺口溜中能感觉到,他们觉得劳动是一件非常枯燥的事情,没有任何新鲜感。然而,班级每天的值日也依然做不好,同学们打扫起来没有耐心,粗心大意。班干部们也纷纷表示:同学们对"雏鹰争章"中是否能争得"劳动章"基本持着无所谓的态度。

中华民族是一个勤劳的民族,有着热爱劳动的传统美德和勤于劳动的优秀品质。但今天的孩子怎么会不愿意劳动呢?应该看到,事情发生在孩子身上,问题却出在成年人身上,在家庭教育过程中,家长忽略了对孩子正确劳动观念和习惯的培养。在日常的劳动教育中产生以上现象主要有两方面的原因:

首先,劳动活动枯燥,激励机制无效。学校里的劳动实践较少,没有形成系统的劳动教育课程体系。劳动内容枯燥,常规的劳动项目无法调动学生的劳动兴趣。除此之外,学生通过劳动获得的奖励内容单一,僧多粥少,每个月只有一位同学能通过劳动获得"劳动小达人"的称号。而"雏鹰争章"又太"廉价",学生在学期末基本都能获得"劳动章",这项荣誉在学生眼里并没有含金量。

其次,劳动观念偏倚,方法存在误区。部分老师和家长只把智力发展当成孩子成长和家庭教育的中心。事实上,劳动对一个孩子的成长具有决定性意义。劳动教育成为当前家庭教育的一个盲区。美国哈佛大学的学者们在二十多年的跟踪研究之后发现,爱劳动的孩子和不爱劳动的孩子长大成人后相比,失业率是 1：15,犯罪率为 1：10。在劳动教育方法上,部分家长和老师把劳动教育简化成为口头教育,忽略了劳动教育丰富的内涵,甚至把劳动作为一种惩罚,传递的是对普通劳动及其劳动者不认可的态度。

根据上述现象,我们邀请了班级家委会成员们共同商议对策。经讨论,准备为学生制订一套有意义、有兴趣、有效果的班本劳动教育课程。首先,我们需要确定从哪一项劳动技能入手,既能帮助学生改变对劳动的态度,又能最大程度地激发学生的劳动兴趣。其中,有的家长建议教孩子烧菜,有的家长认为让孩子学会收纳整理,还有的家长希望孩子能做好常规的家务劳动……经过热烈的讨论,我们得出结论:烧菜在课堂上的操作性较小;收纳整理内容单一,较难形成系列课程;而将常规劳动作为系列课程,无法激发孩子对劳动的兴趣和热情。最后,我们决定选择缝线课程作为我们的班本劳动教育课程。家委会成员们表示,缝线既锻炼孩子的动手能力,又具备丰富的创造性和趣味性。最重要的是,这项劳动具备形成系列课程的丰富内容,能在家庭操作,又能在学校开展。于是,家委会成员组织了线上家长会,把这项决定传达给了每位家长,缝线课程得到了大部分家长的支持。

1. 班委会、班会

在初步确定班本劳动教育课程的方向以后,还要对学生进行调查。班队课前,开展了班委会,班主任和班干部共同商量这一项决策。刚听到这个消息,同学们很意外,对这一项新鲜事物,班长认为,会非常受同学们的欢迎。好的开始是成功的一半,我们要把课程方案讨论出来。副班长和劳动委员主动认领了组织同学一起设计课程的任务。其他班委也积极性高涨,迫不及待想将消息告诉同学们,让大家一起为"缝线课程"出谋划策。班队课上，班干部们自发开展调查，哪些同学会缝线，哪些同学想缝线，哪些同学能提供资源……班级里参与劳动讨论的热情高涨。

2. 班会启动

经讨论决定，班本劳动教育课程以"缝好人生的第一粒纽扣"为主题的缝线第一课在班会课上正式启动。课程初步设置"针针"悟美德和家班"一线"牵两部分教学计划。其中，在第一部分"缝缝补补我先行"的课程计划中，先以"勤俭节约"为主题开展班会，建立缝补小队，由缝补小队分工收集废旧衣物并查阅资料，再发挥"小手牵大手"的力量，家校协同采购针线纽扣。在第二部分"家班一线牵"的课程计划中，由"家长手把手教"亲子学习缝线入门，"师生手把手学"掌握缝线基础，"生生手把手练"合作缝线这三个方面开展课程实施。为了加强学生自主学习、自主劳动的能力，活动过程中采用"六自"原则实施劳动教育，即：学生自己思、自己找、自己查（资料）、自己学、自己缝、自己评。从课程设置到课程规划，同学们自主设计，劳动小主人意识大大增强，对"缝线课程"的热情持续高涨。

3. 解惑

（1）家长的困惑：自学、群交流（合作）

（2）学生的困惑

随着班本劳动教育缝线课程的开展，问题也层出不穷。在"家长手把手教"的过程中，部分家长表示，孩子在网上搜集到的缝线视频教学看起来容易做起来难，从来不拿绣花针的家长对着视频怎么也学不会。对此，班主任协同家委会一起调查了其他家长的缝线情况，找到了家长中的缝线能手，建立了缝线技巧百问堂的微信群，通过家长群的交流解疑，部分家长的问题得到了很好的解决，对于参加了群交流依然无法学会缝线技能的个别家长，班级提供了交流平台，组织家长们在等孩子放学的时间里，合理利用好这段时间，实现老师与家长之间面对面交流，家长与家长之间手把手学。

课程伊始，同学们在缝线入门的学习中就出现了缝线水平参差不齐的情况。特别是男生在习得缝线技巧的手法上远远不如女生。这大大影响了男生缝线劳动的兴趣，针对这种情况，班委会商量决定给男生女生智能分组。动手能力较强的女生和动手能力相对薄弱的男生组成两两一个小组。比比看，看哪个小队的男生进步最快。男生们瞬间有了目标，更努力地练习缝线劳动技巧。

　　课程实施初期，在"生生手把手练"的过程中，学生也出现了不少困惑。比如缝纽扣的形式太单一，缺少创新，每个小队都缝纽扣。任务驱动式的课堂束缚了个别同学的想象力和创造力。为了解决这个困惑，每个小队的小队长在班长的带领下，开展了一次以"创意缝线比赛"为主题的茶话会，学生们发挥劳动小主人的意识，自发性制订了比赛的规则和内容。他们决定每次比赛都要选出最好的三个作品，分别从美观度、实用度和创新度来评选，评选上了的同学获得"尖指生"勋章。一个学期下来，获得勋章最多的同学，就能获得班级奖励给他的一套齐全的缝线工具。缝线比赛的消息在班里一传开，意想不到的创意思维迸发出各种各样的创意作品，有的将绘画与缝纽扣相结合，有的将大小不一颜色各异的纽扣按照不同的轮廓缝制成不同的花束。创新意识就在劳动的过程中悄然产生了。

　　经历了一段时间的缝线课程后，每个小队都能合作完成精致的成品，由于大家是合作共同完成一件作品，导致最后成品只有一件，对于这件成品最终花落谁家，每次总有不少争议。根据这种情况，我们分小队开展了讨论会，最终决定，成立奖励机制，即在每次缝制新作品的过程中，哪位队员对这一次制作付出最多，作品就归哪位队员，付出的多少根据其他成员共同打分决定。已经获得过成品的同学，下一次不再参评，直到每位队员都收获成品，留以纪念。

　　随着第一届开展缝线班本教育课程学生的毕业，我们迎来了第二届学生，在进行缝线劳动的过程中，也遇到了上述问题。借鉴之前的方法，问题也都获得了一一解决。但第二届学生在展开劳动实践的过程中，遇到了疫情。这对我们的班本课程来说是一个挑战，也是一个契机。家班共育面对面沟通的机会减少了，但是线上沟通的频率增加了。和第一届学生相比，缝线班本教育课程内容更加完善，我们增加了变废为宝的"小组创意缝线评比"，这对个人和团队的缝线劳动技能要求就更高了，在比赛的过程中，同学们也遇到了一些困难，如缝线扎伤手、家长不支持缝线活动衍生出其他问题等，学生对于劳动态度出现消极倾向，产生了一些畏难情绪，为了更好地让学生合作分享在缝线中获得的劳动快乐，进一步培养学生的劳动兴趣，激发学生的劳动创新意识，引导学生掌握科学的合作方法，班主任老师开展了"一针一线串起指尖的合作"主题班会。

　　4. 亲子合作、自我合作、团队合作

　　第二届学生在实施"一针一线"班本教育课程的过程中，也发生了很多故事。

（1）亲子合作:合作坚持,坚持合作

班级里有一个女生,在家里是被宠溺的小公主,刚开始并不喜欢拿绣花针,对缝线活动也并不感兴趣。家长一开始也并不重视缝线劳动,经过老师线上线下和家长的沟通,家长开始尝试带着孩子在家里缝线。初次合作时,因为无数次扎到了手,孩子哭着闹着不想缝了,家长向老师反馈情况,老师跟女生取得沟通,女生听了老师的话不想白白扎了手,多少也要有些收获,家长陪着她继续坚持,最后终于完成了属于自己的小作品。女生和家长在劳动的过程中都获得了成就感,也拉近了亲子关系。

无独有偶,班级里还有一个女生也用自己行动书写着坚持缝线劳动的故事。在性格上,她是一个要强的女生,一心想要缝制出漂亮的创意作品。在和妈妈用废旧衣物缝制手提袋的时候,缝错缝漏,但她都耐着性子拆了缝缝了拆。她希望能在缝线创意大赛中脱颖而出,手提袋缝好以后,她叫妈妈拿来了一个手提袋进行对比,发现其中两条边都是内扣的针法,自己的平针影响了美观。精益求精的她在完工以后又重新一针一针拆了重新缝制,最后终于缝出了满意的作品。家长不禁给她竖起了大拇指,缝线劳动让父母看到了不一样的孩子。亲子合作让她们爱上了缝线创意劳动,成就感满满的这对母女又开始了当日第二件作品的制作。冬天来了,她们想制作一个雪人,但圆规在白布上画不出雪人的大肚子,孩子灵机一动,拿了家里最大的碗照着模子画下来,大小刚刚好! 妈妈惊喜于孩子的发现和创造力,合作完成了雪人布娃娃。

七十周年国庆的前一天,班级里有一个男生和妈妈爸爸想要用独特的方式为祖国献礼。他用自己学会的几种针法和缝线技巧,在爸爸剪裁取材的帮助下,将自己七岁时穿的衣服背面和妈妈一起缝制了一个献给祖国的生日蛋糕,坚持到十月一日凌晨一点,妈妈劝他说明天再做吧,孩子说不行呀,天亮了就过期了。终于,亲子合作缝制又坚持了一个小时,将"70周年"的生日蛋糕缝制成功。

（2）自我合作:迸发创新思维

我们班有一位缝线小达人,多次获得"尖指生"勋章,班级里数她的创意作品最多。她的第一件作品是用针线缝制的"嬉戏"图,在缝花朵的过程中,一不留神缝歪了好几针,费心费力缝了大半天,眼看就要浪费了。缝线这技术活儿,拆来拆去都拆不掉,奶奶不在家,情急之下找不到人帮忙,她又难过又焦躁,默默伤心了一段时间,她冷静下来,想起了老师时常提醒大家遇到困难要不断激发自己的创新思维! 于是她调整心情,终于想到了解决办法。她将错就错,把缝歪的那几笔变成了一只美丽的小蝴蝶!在劳动的过程中,孩子学会了自己劝解自己,与自己达成和解,才能急中生智,和自己合作,激发创新思维缝制出了锦上添花的作品。

(3)团队合作:变废为宝

班长的团队在合作缝线时,本来想做一个沙包,谁知一个粗心的男队员在裁剪布块的过程中将一块完整的布剪坏了,惹来了其他队员的责怪。女生们怨声载道,多好看的一块布呀,浪费了真可惜,眼看着小队成员之间就要展开口角,这时班长灵机一动,将剪坏的布重新改良做成了一个小卡包,其他队员惊喜地发现卡包比沙包更有实用价值!于是班长小队的每个成员展开合作,人人都获得了一个爱不释手的公交卡卡包。

在第一届学生开展缝线劳动的时候,同学们在毕业季举办了"临行密密缝"展览会,邀请了家长和其他班级同学前来参观。作为班主任,收集同学们在缝线劳动中发生的典型故事,将这些故事在班会课上教育引导也是必不可少的分享环节。每当班级里举办缝线大赛,学生对交上来的作品也会拍照记录,随即通过钉钉线上分享给家长,家长收到这些作品以后,制作成影集,展示在自己的朋友圈。嘉定教育和学校也通过各大公众号向社会宣传了我们班级的缝线劳动。

学生通过"一针一线"班本教育课程的学习,掌握了缝线的劳动技能,在持续的缝线学习中提高了动手能力,提高了孩子们的审美认识水平。在学习中也变得更有耐心、更加细心了,通过缝线课程的劳动创意大赛,同学们激发了自己的创造力,自我管理能力得到了增强,在学习的过程中也体会到了劳动的快乐,改变了对劳动的观念,认为劳动是一件光荣的事情,不仅通过自己的努力收获手工小作品,还能废物利用保护环境,获得了满满的成就感。同学们明白了生活靠劳动创造,人生也靠劳动创造,美的事物都靠我们自己创造。

从三年级到四年级,家长一直陪伴着孩子参加缝线劳动。看着孩子们通过劳动一点一滴地进步和成长,家长们很欣慰。在实行班本教育课程之前,部分家长和孩子一直疏于沟通,亲子之间没有共同爱好,而缝线劳动让亲子之间有共同目标,有话说,有事干,在缝线过程中亲子感情也更融洽了。通过班本教育课程的开展,缝线劳动成了家校之间的纽带,家长表示与老师之间的沟通更顺畅了,彼此之间增进了了解,相互之间多了体谅和理解。同时,还有一些家长表示,通过缝线劳动,在教孩子的过程中,自己也学会了缝线技能,另外,还结交了很多家长朋友。最重要的是,缝线劳动让他们改变了对劳动的态度,明白了劳动教育的重要性,学会了正确引导孩子进行劳动的方式方法。一通百通,现在在家里,孩子动手习惯养成了,还抢着帮忙做家务呢!

当然,班本教育课程对班级建设有着至关重要的影响。缝线劳动在班级建设和管理中有着不可磨灭的作用。同学们在劳动中不断地完善自我、突破自我,每个学生在小队、在集体中都培育自己的荣誉感、责任感以及创新感,缝线课程全面提高了班级成员的综合素质。更重要的是,学生在劳动的过程中,感受到了审美给我们生活带来的享受和改变,学会了与班集体的同学团结协作,共同完成劳动任务,在一定程度上促进了班集体的整体建设,最终或能实现先进班集体与新时代素质教育的完美结合。

(上海市嘉定区南苑小学　饶诗琪)

课程创意 3-5　　绘本的魅力

审美能力是人们欣赏美、感受美的能力,是需要在较长的审美实践活动中逐步获得的一种特殊能力。21 世纪,进入丰富的读图时代,视觉方式已成为人们生活和人际交往的基本方式,视觉审美世界也变得丰富多彩。绘本是这一时期的视觉表现形式之一,它营造的视觉图像环境正适合儿童具体形象感知的特点。绘本表达形式独特,它通过语言和美术两种符号系统的参与,将原来纯粹语言文学的构思用视觉形象的方式表现出来,儿童通过图文并茂的绘本或成人生动形象的阅读绘本,达到语言、思维、想象、审美和个性的协同发展。而学生也有审美的需求,在美丽的绘本世界中提高自己的艺术鉴赏能力。在语文阅读课上,我尝试给学生很多美丽的充满趣味的绘本进行阅读。

《你看起来好像很好吃》中,图画的线条格外简单,运用了几种非常鲜艳浓烈的色彩来构建画面——大红,明黄,深灰。故事非常动人:孤独的霸王龙在遇到小甲龙之后,小甲龙对"爸爸"的无限信任、真诚关爱和无比骄傲,让霸王龙埋在坚硬"土壤"里的"爱的种子"发芽啦。虽然失去了"很好吃"的美味,霸王龙却尝到了被爱的滋味。霸王龙为小甲龙挡住敌人的袭击，教他各种本领，并帮助他回到了父母的身边。在一起的日子，对他俩而言都是一段幸福的时光。这个故事要让孩子们懂得：每个人心里都有一颗爱的种子，即使是最粗暴可怕的霸王龙。小甲龙对"爸爸"无限的信任，真诚的关爱，无比的崇拜让霸王龙内心深处爱的种子发芽了，它尝到了被爱的滋味，同时它对小甲龙也付出了很多爱。在爱与被爱中，它们度过了一段幸福的时光。在生活中也有许多外表凶猛但内心却孤单的霸王龙一样的人。我们相信在他们的内心深处也一样有一颗爱的种子。

《你看起来好像很好吃》是一本从名字开始就充满趣味的儿童绘本。凶猛残暴的霸王龙被善良天真的小甲龙误认为爸爸，心灵深处的仁爱与柔情被深深地触动，最后，为了小甲龙的将来，霸王龙忍痛将他送回了甲龙的群落里。故事里凶猛强悍又充满无限温情的霸王龙足以打动人心。我发现整堂课上，有不少小朋友感动得落泪了。这让我真正意识到教育源于感动。

本次活动我以集体阅读、自由阅读、循环阅读等形式来感受书中角色的内心活动，体验小甲龙和霸王龙之间的情感，理解爱与被爱的快乐，提高孩子们理解图画书的能力。

一、图画书情感贴近孩子的心声，触动孩子阅读的欲望

《你看起来好像很好吃》该本图画书故事情感性很强，而现在的孩子较多以自我中心强，比较喜欢享受爱，但却不愿付出爱。贴近于孩子们的生活，在朝夕相处的日子中是那么的快乐，但最终还是要分离，这种感觉大大触动了孩子们的心窝，触动了孩子的阅读欲望。尤其是霸王龙用自己的身体保护小甲龙不被吉兰泰龙吃掉的画面及夜晚霸王龙搂着小甲龙安稳入睡的画面，更是让孩子们不由得将其与自己最亲近的家人联系在一起，他们纷纷用语言和动作来向大家表达亲人对自己的呵护之情。

二、让孩子亲近文本，促进孩子的语言表达能力

在本节课上我充分运用了视频、音乐的渲染，让孩子们走进文本成为书本的主人公，又恰如其分地倾听每个孩子都有自己的独到见解。在交流环节中，孩子们表现得很积极，纷纷举手发表自己的看法。小小的一幅插图，一个个场景在孩子们的头脑中

变得鲜活起来。通过分享自己喜欢的部分，孩子们对整本书的内容有了更加深入的了解，充分发挥孩子的主动性；以孩子为主体，适时、适当地让孩子展开想象，培养他们的思维能力、想象能力。同时更鲜明地感受到了小甲龙和霸王龙之间互相的关爱，孩子在轻松的阅读氛围中感受到隐藏在每个人内心深处的"爱的种子"。

这节课孩子们全身心的投入让我体会到了阅读的力量。美国作家斯蒂芬·克拉生的《阅读的力量》中提出"阅读"有着特定的含义，指"自由自主的阅读"，指纯粹因为想阅读而阅读，不需写读书报告，也不用回答章节后的问题，简称FVR。作为语文老师，我们十分重视孩子的阅读，但我们是否真的让孩子亲近阅读，发自内心地喜欢阅读呢？从八股取士到学而优则仕，在几千年的价值观里，阅读均扮演着不可磨灭的力量。在如今实用的价值观里，读书的力量就如挥着斧子伐木取火的力量似乎无异，它们似乎都是在改变现世的生存。

绘本的创作风格多种多样，水粉画、水彩画、水墨画、儿童画、剪纸画、黑白连环画等都是现在绘本的图画呈现方式。绘本的内容和形式的多样性、丰富性可为儿童的审美心理建构提供丰富的审美客体和探究刺激，帮助儿童进行整体的系统的美的感知，形成完整的心理结构和特定的审美情感，推动创造美的意志行为。绘本阅读让那颗日益聪慧的心能够感知：大而言之，一个民族的阅读生活现状往往是这个民族精神世界的写照，是这个民族力量的最持久的表达方式与存在方式。绘本阅读或长或短的文字里均有一种澄澈的真诚，一种与教育人生悠然心会的幸福。这是一种力量，那姿势，不是挥手向外的思想握拳，而是掌心向内的心灵抚慰。阅读从你我做起，享受阅读的乐趣。在与文字默默地交流中，感受书的独特韵味，品味书中思想的光芒。

（上海市嘉定区南苑小学　张琼秋）

课程创意 3-6　　注重示范教学　提高教学效率

示范教学的意义

在现在的教学中示范教学有着重要的作用，是用直观的形象、图片，现场操作等方法,给学生做示范让学生发现生活中的美好事物。示范教学具有鲜明性、生动性和真实性,有利于学生确切地理解教材、掌握教材,有助于提高学生的学习兴趣和积极性,能激发学生求知欲,使学生掌握得快,也不易忘记。

我们国家有这样一句话"言传身教"。所谓身教,就是用行动给学生做示范,应该是示范教学中最早的体现,有着悠久的历史并一直运用到现在。作为教师,我们把它也融入教学中,把它的作用释放到最大。目前的教学形式是班级授课制,学生到生活中体验学习技能的机会比较少,教师的示范教学就得到了广泛的应用,让学生通过教师感知和了解平时比较陌生的东西。同样示范教学在劳动与技术教学中也占有极其重要的地位,这是由劳技课程的特点所决定的。劳技教学是以学生获得积极的劳动体验,形成良好技术为基本目标,以操作性学习为基本的教育教学。劳技教学让学生学的是动手能力,学的是具体的操作,学的是制作,这些就决定了劳技教学更需要示范,需要教师通过演示操作步骤使学生了解技术的要领和方法,让学生在有限的时间里掌握基本的技能,提高学习的效率。

示范教学的分类

一、作品示范

在教授新的操作或者制作方法之前教师都会出示一些范例作品,这些作品既让学生对今天要学习的内容有个初步印象,又引发学生制作的兴趣。如学习"杯垫"这一课时,可以出示各式各样的杯垫,让学生说说作品的结构,需要哪些材料,分析是怎样制作出来的,给学生很多遐想的空间,为后面的制作做好铺垫。如学习编织课程中的"中国结"一课,教师可以出示各式各样的编织品,在作品示范中除了引入生活用品,还有很多具有艺术价值的工艺品,如造型各异、色彩斑斓的中国结,这些使学生对编织形成感性的认识,产生浓厚的兴趣,激发学生的民族自豪感和学习兴趣。

二、制作过程步骤示范

过程步骤示范是指给学生现场展示制作的过程,或者重点难点的示范,让学生进行模仿。对于小学生来说,模仿是他们主要的学习方法,在模仿到位的基础上再进行创作,所以模仿帮助学生了解和熟悉制作方法、掌握一定的技能技巧,提高观察、分析、解决问题的能力,提供了较便捷的途径。以"杯垫"为例教师在示范时,引领学生"设计杯垫→交流设计心得→修改设计→摆放制作材料→粘贴材料→完成杯垫→装饰杯垫",每一步教师都有适当的示范,比如设计杯垫时老师可以用简单的线条示范一些杯垫的外形(三角形、正方形、星形等)再让学生自己用线条画一画。劳技主要是动手能力的培养,制作是重点,而重点难点的示范在劳技教学中也是比较常用的,比如摆放造型是重点,教师可以先进行摆放,一个平稳美观,另一个不平稳,让学生对比观察怎么摆合理,说一说怎么进行修改使杯垫能又牢固又平稳符合杯垫的原理。又比如在三年级下册"纸杯娃娃"的制作方法时:

师:为了让杯子能够站稳,应该注意什么问题?

生1:纸杯挖去的部分不要太大。

师:大家说得非常好,那今天我们要做纸杯娃娃只有两条腿,这可怎么办呢?

生2:两条腿要对称。

生3:两条腿再粗一点,要不然就站不稳了。

教师根据学生的讨论,现场演示如何制作纸杯娃娃的腿,学生很快明确了制作要领。这样的示范教学既抓住重点又节省时间,大大提高了学习效率。所以这样一来,示范既培养学生的观察能力又能培养表达能力,学生可以通过自己的能力掌握制作步骤方法,提高了教学效率。

三、学生之间的示范

传统的教学模式是教师示范,学生模仿。其实,示范的方式可以多种多样,可以是教师示范,也可以是学生示范,让有特长的学生来示范也是不错的选择。例如我在实习期间听过这样一节课让我感受颇深,这节课的内容是《编织绳》,老师上课前先让一位长头发的同学到前面去。当时我有点奇怪后来才恍然大悟:

师:哪位小朋友能为这位女生编一根麻花辫?

生:我!我!……

老师请了一位小朋友上来,让大家仔细观察,她是怎样编的,编得好不好!小朋友示范,其他小朋友边看边讨论,一些男孩子似乎恍然大悟,原来女孩子的辫子是这样编的。

师:小朋友们,看清楚了吗? 下面谁来说说她编得怎么样,她是怎样编的。

生 1:我来。我觉得她编得很好。她先把辫子分成三份,然后把左右两边的两股头发轮着编到中间去。

生 2:我觉得她编得还可以,但是我觉得她编得不够均匀。

接下来老师通过编辫子引入今天的课题,让学生把编辫子方法运用到今天的制作中去。教师通过请学生示范,再进行交流使课堂气氛很活跃,学生也很快进入状态,个个都想表现一下自己,这样的学生示范也在劳技教学中起到了重要的作用。学生与学生之间的交流更加容易,而且让学生来示范,也能促进生生之间的竞争。

劳动与技术是一门实践性很强的学科,学生掌握的知识与技能,很大程度是通过实践活动来实现的。脱离了实践,劳技教学就变成了纯知识性教学,学生不参与劳动实践,就不会感受到劳动的价值,也无法形成劳动技能,获得劳动体验。因此,示范时也要注重实践性,让学生在实践中进行创造。总之,示范教学法在劳动与技术的教学中,起着重要的作用,有效地帮助学生掌握劳动技能,形成良好的技术素养。示范时规范性原则也很重要,因为学生有着很强的模仿能力,教师在示范时,动作要规范,语言需准确,不能模棱两可。所以作为劳技教师我们就要不断提高自己的知识与技能,为学生做一个良好的表率,只有教师的规范操作,才能给学生做好榜样。

(上海市嘉定区南苑小学　龚仁琪)

▍问卷设计▍
建立完美的审美心理结构

强调美育，提倡美育，在当前有着特别重要的意义。为了建设社会主义精神文明，有必要提高学生理解、鉴别生活中与艺术中美与丑的能力，完善对美好事物的感觉，激发他们遵照美的规律去进行创造的愿望。审美教育的重要性在于塑造学生完美的人格，用人类艺术精品和大自然的美、社会的美，帮助学生找到美的规律，打动学生感官，从而建立完美的审美心理结构。基于以上出发点，本课题组结合本校师生实际，设计以下问卷：

调查问卷（教师）

尊敬的老师：

你们好！

本次问卷调查是为了在我们学校开展关于《以"核心素养＋学习需求"为导向的学校课程深度变革研究》这一课题的研究，请老师们积极配合这一课题的研究。感谢您的参与！

1. 您认为学生在学习中提升审美能力是否重要？

A. 非常重要　B. 比较重要　C. 一般　D. 不重要

2. 日常学习中，您认为通过教学是否能提升学生的审美能力？

（　　）

A. 能　B. 一般　C. 不能　D. 说不准

3. 您在所授课程中是否会融入美学教育以提升学生的审美能力？

（　　）

A. 经常　B. 有时　C. 偶尔　D. 从不

4. (多选)您会使用以下什么内容开展美学教育？(   )

A. 书本内容   B. 图片信息   C. 视频音频   D. 个人经验

F. 动手实践   G. 其他_____

5. (多选)您会以哪种方式组织学生参与美学教学活动？(   )

A. 小组合作   B. 社会实践   C. 网络搜索   D. 个人学习

E. 师生互动   F. 家校共育   G. 其他_____

6. 您认为学校开展的哪些类别的课程有助于提升学生的审美能力？

(   )

A. 合唱团   B. 体育竞技类   C. 艺术社团   D. 智力竞赛类

E. 表演类   F. 动手类   G. 其他_____

7. (多选)您认为学生通过课程学习提升审美能力的表现主要来自

于(   )

A. 自我心理的满足   B. 个人审美的提高   C. 不同文化的习得

D. 学习需求的实现   E. 其他_____

8. 关于如何将美学教育更好地融入课程，您有哪些合理化建议呢？

_____

示例：

① 在对学生进行美的陶冶时，结合学科特点进行思想道德教育，强化学生的道德意识，帮助学生树立正确的人生观，价值观，养成良好行为习惯。

② 把审美教育内容和学生的年龄、心理特点结合好，选择适当的方法和切入点，创设符合学生心理特点的体验性学习。

调查问卷(学生)

亲爱的同学:

　　你好! 这是一份有关你们自己的调查问卷,你的意见相当宝贵,请如实填写,谢谢参与!

　　性别(　　) 年龄(　　) 年级(　　)

　　1. 你知道学校的校本课程吗?(　　)

　　A. 知道　B. 有一定了解　C. 不知道

　　2. 你认为在学习中提升审美能力是否重要?(　　)

　　A. 非常重要　B. 比较重要　C. 一般　　D. 不重要

　　3. 你认为学校开展哪些类别的课程能提升你的审美能力?(多选)

　　A. 文学知识　B. 科普知识　C. 文化历史

　　D. 体育游戏　E. 动手实践　F. 艺术欣赏　G. 其他_____

　　4. (多选)你希望从以下哪门学校开设的课程学习中提升审美能力?
(　　)

　　A. 合唱团　B. 体育竞技类　C. 艺术社团　D. 智力竞赛类

　　E. 表演类　F. 游艺类　G. 其他_____

　　5. (多选)你认为在以上选择的课程学习中提升审美能力的表现主要来自于(　　)

　　A. 自我心理的满足　B. 个人审美的提高　C. 不同文化的习得

　　D. 学习需求的实现　E. 其他_____

　　6. (多选)对你来说最能提升审美能力的学习渠道是(　　)

　　A. 书本　B. 网络　C. 模仿　D. 别人传授　E. 经验积累

　　F. 课堂教学　G. 其他_____

　　7. 你能说说你理想中的"最美课堂"的样子吗?

　　_____

示例:

① 老师讲得好、语言清晰、思维流畅、重点突出、环节把握得当、时间掌控合理。

② 学生和老师彼此有心灵的感应,有交往、思维的碰撞,有互动。

③ 在老师的帮助下,有目的地学,非常民主,有尊重、有包容、有爱,是朴素的、宁静的、安全的课堂。

▎调查报告 ▎
审美，成就个性完美的人

一、调查背景

苏霍姆林斯基说过:"美是一种心灵的体操,它使我们精神正直、良心纯洁,情感和心念端正。健康积极的审美情趣,有助于形成高尚的道德情操;低劣、庸俗、消极的审美情趣,只能降低乃至败坏人的道德情操。"我们只有提高审美修养,才能辨别美丑;才能塑造美的心灵,奉献美的产品;才能同一切丑恶现象做斗争,抵制各种低劣消极、庸俗的风气对社会的污染。审美能力是人才的基本素质之一,是通向成才之路的桥梁,更是学生自我发展的需求。

为了了解南苑小学学校课程开发和实施过程中对学生审美性学习需求的体现情况以及教师如何通过教学有效致力于学生素养的提升,本课题组进行了此次调查。

二、调查对象与方法

1. 调查对象

2021 年 11 月,运用问卷的形式对南苑小学全体学生和教师分别进行调查。

2. 调查方法

本次调查以匿名问卷的方式收集到一定数量真实可靠的原始数据,借用学校钉钉平台为工具对我校在校学生及教师进行调研并形成数据。

三、调查结果与分析

本次调查共发出问卷 950 份,其中学生问卷 880 份,教师问卷 70 份。回收学生问卷 880 份,其中有效问卷 875 份;回收教师问卷 70 份,其中有效问卷 70 份。我们得出如下调查结果：

1. 对校本课程知晓程度高

在学生问卷中,90％的学生知道且了解学校校本课程,10％的学生对校本课程有一定了解。可见学校"大风车课程"开发和实施的过程中,无论是在学生知晓度还是参与度上,都体现了普遍性。

2. 对审美性学习需求的认可度高

在学生问卷中,98％的学生认为审美学习非常重要,仅有2％的学生认为一般;在教师问卷中,100％的教师认为学生在学习中提升审美能力非常重要。90％的教师认为,在日常学习中,教学能够有效提升学生的审美能力。可见,无论是学生还是教师,都认为在学习过程中学会审美是非常重要的。86％的教师在课堂中会融入美学教育来提升学生的审美能力,可见课堂作为教学的主阵地,仍然承担着培养和提升学生审美性学习能力的重要使命。

3. 提高审美性学习能力的内容、方式、渠道、表现多种多样

对于28％的学生来说,如今发达的网络成了他们提升审美能力的学习渠道,23％的学生认为审美能力能够通过经验累积,16％的学生认为从书本中能获取美学知识,16％的学生认为在课堂学习中能提升审美,还有12％的学生认为审美可以依靠模仿,另外,也有学生认为可以通过别人传授和培养文艺爱好来提高审美。在开展美学教育的课堂中,教师运用多种方式,其中,教师组织学生个人学习占22％,网络搜索占21％,社会实践占15％,家校共育占15％,小组合作占14％,师生互动占13％。此外,教师通过各种内容进行美学教育,视频音频占31％,图片信息占30％,书本内容占23％,教师的个人经验占10％,还有6％的教师会让学生自己动手实践。通过调查,师生们都认为,提升审美能力可以表现在自我心理满足、个人审美的提高、不同文化的习得和学习需求的实现。

4. 对审美性学习能力培养途径多元化的认可度较高

针对如何提高自己独立审美学习的能力,41％的学生认为学校开展艺术欣赏课程可以提高自己的审美能力,27％的学生希望学校开展文学知识类课程,15％的学生希望学校增加科普知识,12％的学生希望能够多多动手实践,同时,也有3％的学生认为体育游戏也是一种有效途径,体现出学生对审美性学习能力的多元化认知和理解,以

及对培养途径的多种需求。

对于希望从学校开设的哪门课程学习中提升审美能力,大部分师生认为可以开设艺术社团、合唱团、表演类社团,另外,也有部分师生认为可以开展智力竞赛类、游艺类、动手类和体育竞技类社团,这也体现出学生对个人综合能力提高和全面发展的需求。

四、提升学生审美性学习能力的对策

(一) 增设美育课程及相关课程

1. 增设美育课程

美育是研究人与现实审美关系及其规律的科学,其中美的本质、形态、审美意识、审美过程等是美学的基本研究内容。对学生进行美的感知、教育与熏陶,进行心灵、行为的教育,使学生认识理解什么是美,怎样欣赏美、追求美。如何认识和把握美的规律,用正确的审美观念和审美情趣去发现美、创造美。席勒在《美育书简》一书中就指出,审美能力和创造美的能力是使人成为理性的人,个性完美的人的重要途径。一个不懂得外在美和内在美,不懂得美的真谛,不会欣赏美、审美的人,是不可能成为一个心理健康、人格健全的人的。我们可以在教学中增设美育课程,向学生们介绍自然美、社会美、艺术美等各种不同美的特点、分类及欣赏标准。着力培养学生审美和创造美的能力,让他们明白美的人的形象是由诸多因素构成的,在追求人的自然美的同时,还要追求心灵美;"心灵美"才是决定人美与不美的最主要因素,它表现在人的思想、品德、情操、学识、修养当中。这些课程将有利于促进学生的智力发展、建立完善的智能结构和健全的人格结构。

2. 开设"艺术赏析"课

对学生进行艺术素质教育是非常必要的,它可以帮助学生树立正确的审美观;提高审美情趣、文化品位和人文素养;训练感受美、鉴赏美、表现美、创造美的能力。我们可以通过上艺术理论赏析课这种审美教育形式,设置音乐、舞蹈、绘画、书法、影视、文学等欣赏课程。最简单的方法就是从音乐欣赏课入手,由浅入深地讲解一些音乐专业理论知识并欣赏部分中外名曲,教会学生欣赏高雅音乐艺术;同时突出作品分析,以便让学生从中清楚这部作品究竟想要表现什么，引导学生从本质上去认识艺术、理解艺术。让学生们在艺术欣赏与实践教育中，感情在愉悦中得到升华，精神在欢乐和享受中得到陶冶，最终起到净化道德的作用。使学生逐渐从低级趣味中脱离，达到一个高尚的人格境界。同时可以利用合唱训练来巩固和提高音乐欣赏课所形成的音乐能力，不仅陶情养性，而且培养学生合作互助的集体主义精神；还可以将他们学到的音乐知识应用于校园文化生活的实践，即演讲、演唱等，学生的校园文化生活也会随之活跃起来。

3. 在体育课教学中增加健美操和艺术体操课程

健美操是一项融体操、舞蹈、音乐为一体，以身体练习为对象，以塑造外部形态的健、力、美为主要特征，以增进健康、塑造形体、改善心肺功能和提高人体的有氧代谢能力为主要目的新兴体育运动项目。在音乐伴奏下轻松愉快地达到改善身体曲线，使外形更加匀称和谐，体态更加刚健美丽的目的。健美操深受学生们的喜爱，国家体育总局对全国参与锻炼人群进行的十个最受欢迎的体育锻炼项目调查结果显示：健美操仅次于健身气功居于亚军之座。另外，健美操不受场地、器材、季节的限制，可以由教师专业地指导学生进行健美操锻炼，为其终身体育奠定坚实的基础。在以后条件具备的情况下，还可以开设艺术体操课程，这对培养学生高雅的气质，陶冶美的情操，提高审美意识，树立正确的审美观，都有很大的帮助。

（二）增强人文素质教育

要培养审美能力，还需具备一定的人文素质，包括具有一定的知识储备、文化修养以及生活阅历等。有一位学生，从家中箱子里搜寻到一幅清代吴昌硕的《墨荷图》，不懂得它的艺术价值，随手在图上打草稿，毁了这幅名画，把父亲气得呕血。缺乏文化素养的青少年，又如何培养正确的审美呢？我们必须增强人文素质的教育。如果学生除了专长一无所知，或所知甚少，是不可取的。在这方面学校应引导学生既"博采群芳"，又"一枝独秀"。我们可以加强课堂教学，举办文化素质教育讲座、科普知识竞赛等活动，通过对学生文学、历史、哲学、艺术等人文社会科学和自然科学方面的教育，来提高学生的文化品位、审美情趣、人文素养和科学素质。同时，也要不断提高自身人文素养，了解民族文化，优长、缺失及发展趋势，指导学生建立起浓郁的文化氛围，从而提高学校的文化品位和格调。

(三) 加强校园文化建设来引导学生的审美意识

活泼、健康、文明的校园生活是人格健全的要素之一,校园文化建设要始终围绕有利于促进人格的形成来设计和展开。文化艺术自身的精神价值:自由、民主、创造、开放的文化精神,才是学生课外文化艺术活动的灵魂。校园文化活动应有所创新,大胆尝试,不断提升文化品位。学生在艺术与文化的享受中探索艺术的创造精神、艺术欣赏的自由精神、文化兼容并蓄的宽容精神以及艺术和谐所表现出来的合作精神,那才真正是校园文化所致力追寻的。随着学习型社会的建构,知识型、创作性、表演性的文化活动将大展用武之地:除了科技节、艺术节等,学校还可以举办民族音乐欣赏会、校园原创诗歌会、校园课本剧汇演、话剧小品大赛、人文景观绘画大赛、集邮收藏、创作展览、中秋灯谜会、校园文明大使评选大赛、环保手工制作大赛等竞赛活动,以此来激励学生参与到各种艺术文化活动中来,提高自己的文化修养和审美情趣。

第四章

实践性学习需求：个性充分发展的途径

教育是根本，是一个国家兴旺发达的重要源泉，重视人才的教育，尤其小学生的实践能力更是新时代教育的研究方向。重视学生完整人格培养、个性充分发展，是新时期教育的重要内容，也是当今世界各国教育现代化的重要目标和共同趋向。注重创新实践的教育，才能提高整个民族的素质提高，小学生的实践能力的培养更应是重中之重。

实践的过程就是一个人独立的过程。当代的学生普遍缺乏独立的实践能力,在家长的庇护下,他们恍若生活在蜂巢中一样,没有风吹雨打,没有磨难,失去了实践与锻炼的机会,就像没有晒过太阳的小草弱不禁风,仅有仰望星空的诺言,没有脚踏实地的坚强是无法到达成功彼岸的。没有实践,就会把梦想变成空空的幻想,把美丽的现实变得残酷不堪。

学校正是一个为学生创造实践的平台,课堂是树立自我独立实践的大讲台。实践就是连接现实和梦想的桥梁。这就像把课堂变成一颗颗沙砾,铺就在这座桥梁之上。沙砾上留下了一串串歪歪扭扭的脚印,那便是孩子们学习的动力,是创新的源泉,是独立实践最好的印迹。"纸上得来终觉浅,绝知此事要躬行。"唯有将自我的知识身体力行,加以实践,才能育出真知的花朵,闪烁智慧的光芒。在一节节精彩的实践课堂中,以培养学生独立实践的意识为先,以理论知识为辅,循序渐进,逐步提升实践能力,获取真知。仅有实践才能提升个人的综合素养,进而提升个人的整体素养,促进社会的发展。

▍核心观点▍
实践的目标是成长和发展

实践是主观见之于客观的活动，是人最普遍的生存方式和发展方式。实践是学生成长与发展的重要途径，实践具有重要的育人功能；技术体验实践活动、生活探究实践活动、社会参与实践活动是实践育人的根本方式；建构实践育人体系应处理好各种基本关系。

一、实践性学习的含义

关于实践性学习，不同的人有不同的理解。约瑟夫·雷林（Joseph A. Raelin）认为将理论与实践分开，会导致学习脱离实践，而实践性学习则恰好是一种将理论与实践相结合的新型学习方式。[①] 也有学者认为，实践式的学习指的是人的许多生活经验是在生活中，通过亲身实践后获得的，这种学习依靠的是做和做后的思考、总结。[②] 在我国，关于实践性学习的研究，主要集中于高等教育阶段以及职业技术教育，但随着实践能力越来越受到重视，在中小学生群体中推广实践性学习方式也显得尤为重要。尽管关于实践性学习的含义尚有争论，但总的来说，实践性学习具有社会性、情境性、主体性、开放性等特点。[③] 我们可以将"实践性学习"理解为学生在真实情景中运用所学的知识解决问题及学习新知识的过程。

总之，实践性学习方式注重的不只是实践，更多的则是在实践中，在"做"中运用知识、学习知识、提升实践能力。

---

① 约瑟夫·A·雷林著. 实践性学习——学习型组织的实现途径[M]. 贺广勋，姚冀，张维红译. 北京：电子工业出版社，2002：2.
② 钟祖荣. 论学习方式及其变革的规律[J]. 北京教育学院学报，2005(2)：33—40.
③ 何文平. 实践性学习的研究[D]. 四川师范大学，2015，55—60.

二、实践性学习的传统

在西方，卢梭的教育思想被称为是实践教育、活动教育的思想渊源。① 他主张教育要尊重儿童的本性，崇尚自然，主张活动教育和"自然后果律"，反对单一的知识教育。他认为不能把知识直接教给学生，"不要对你的学生进行任何种类的口头教训，应该使他们从经验中去取得教训""我们主张我们的学生从实践中去学习"。⑤卢梭强调儿童通过经验去学习，通过活动去学习，反对死读书。实践教育，就是通过实践进行教育，在实践中进行教育。

1798 年，美国学者玛丽娅·艾吉沃斯和理查德·艾吉沃斯编写的《实践教育》（*Practical Education*），描述了玩具、谈话、阅读、地理探索等实践活动对学生发展的价值。② 该书表明美国的教育学者很早就开始思考和探索实践教育问题。

1896—1903 年，美国教育家杜威在芝加哥大学建立附属实验学校（史称"杜威学校"）开展了长达八年的实验研究。他批判传统的以知识教育为中心的学校为"静听的学校"，他在实验中为学生开设了大量的活动课程，主张儿童在经验中学习、在活动中学习，在"做中学"。杜威认为儿童生来具有探究的本能、制作的本能、语言社交的本能、艺术的本能，满足儿童天性的教育必须重视经验的教育，并提出了以"经验"为逻辑起点的五大教育信条和进步主义教育理论。应该说，杜威的研究为经验教育、活动课程从理论到实践建立起了比较完整的理论体验和实践策略。

1914 年英国学者里格的著作《会思考的手》（又名《小学中的实践教育》）记录了英国的小学通过广泛的实践活动培养学生的实践操作能力和创新精神，③作者认为通过实践教育可以使孩子们的手"会思考"，从而促进孩子们的全面发展。1938 年澳大利亚出版的一本书《公立学校中的实践教育》（*Practical Education in Public Schools*）图

---

① 郭元祥. 实践缺失是我国基础教育的根本局限[J]. 教育研究与实验，2014(03)：1—8.

② Maria Edheworth & Richard Lovell Edgeworth. , *Practical Education*. New York & London：Garland Publishing, Inc. 1974.

③ J. G. Legge (1914). *The Thinking Hand* or *Practical Education in the elementary school*. London：Macmillan and CO. , Limited.

文并茂地记载了新南威尔士的学校实施实践教育的详细情况。在新南威尔士的学校，学生们可以广泛地发展自己的实践操作能力，他们可以参与绘画、制作工艺品、制陶、厨艺、制作食品、到医院学习护理、缝纫、打字、课堂实验、印刷、编织、工厂产品制造、制作飞机模型等实践操作活动。

可以看出，无论古今中外都强调了实践性学习对学生发展的重要性，实践性学习是学生学习需求的一个重要的方面。

三、实践性学习的理论研究

实践性学习活动是面向真实或者模拟真实情境的教育活动，学生基于对生活、社会的观察和体验完成学习任务，并尝试基于证据对问题进行解释论证，进而将其迁移应用到对现实复杂问题的解决。[①]

让学生在实践性学习中获取知识是新课标下学生自主性学习的方法之一。要实现这一目标，教师在教学过程中制定适合学生特点的教学方法和策略，设计最佳的教学方案，组织合理的教学过程，引导学生积极主动、生动活泼的学习。[②]

综上可得，学生的实践性学习一方面使学生知识学得牢固，学得轻松，另一方面教师教得"轻松"，体现了新课程以教师为主导，学生为主体的思想理念。学生实践性学习的过程更多的是学生的自主性、探究性学习活动，不再局限于课堂上老师的讲解，而是自主寻求知识。

① 堵琳琳. 实践性学习如何落地？[J]. 中小学校长，2021(06)：70—71.
② 赵丽霞. 以生为本——教师在学生实践性学习中的作用[J]. 科学大众(科学教育)，2016(12)：23.

▌ 课程建构 ▌
实践性学习的多样形态

实践性学习需求的课程要打破学科界限，注重相关课程资源的整合与利用，教师要从课程理念、课程设计、课程推进中梳理和把握其课程特点，强调学生在活动中增长知识，发展能力。

在设计实践性课程活动时，教师要把握教学要素及其相关协调关系，突出学生综合素质的养成。系统性也是综合实践活动开展的基础，教师要从课程的开放性上，拓展学生的认知视野，能够结合教材及学科特点，让学生走近生活实践，从生活中、社会中、大自然中获得全面知识体验。所以说，在综合实践活动设计中，可以走出校园，深入社会、生活，顺应小学生的年龄特征及心智特点，综合融入人与自然、人与社会的多重关系，让学生在活动中，认识自己、认识他人，获得真实体验。同时，综合实践活动要强调学生自我意识、合作意识、团队精神的渗透，要让学生在实践活动体验中，强化对社会、对自然、对自我的整体感知，从活动中感知责任、树立担当意识。教师要参与到活动组织与实施中，寻求最优的教学管理方式来调节综合实践活动各要素间的关系。

实践性学习需挖掘学生的主体性，要以学生为本，要让学生在活动参与中去体会、体验、创造。学生是实践活动的参与者、实践者，教师要关注学生的兴趣、爱好与特长，突出学生的生活经历，发展学生的实践兴趣，激活学生实践积极性，让学生根据自己的爱好选择适合的活动内容，自己去思考、去合作、去探究、去解决遇到的问题。在实践性课程的设计中，要给予学生更多的实践机会，尊重学生的自主选择，善于引导学生围绕活动主题，展开多元性探讨与实践，让学生能够在活动目标下，独立去规划、去管理自己。对小学生主体性的激发，教师还要关注学生学情实际，顺应学生的认知水平。教师要做好辅导与指导工作，鼓励学生积极融入实践活动中，从活动体验中收获宝贵的经验。

以下是实践性学习需求的课程框架图。

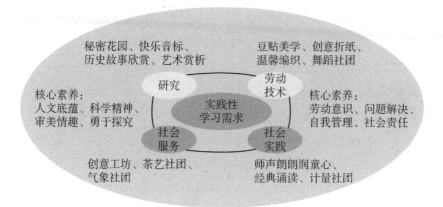

图 4 - 1　实践性学习需求的课程框架图

课程创意 4-1　生活中的数学

　　在义务教育阶段的数学课程中，许多内容都可以在学生的生活实际中找到背景。在低学段的课程中，学生所感知的生活面较窄，从他们身边熟悉的、有趣的事物中选取学习素材，容易激发他们学习数学的兴趣，使他们感受到数学就在自己的身边，体会到数学的作用。而到了中高学段，学生的活动空间有了较大的扩展，他们逐渐关注来源于自然、社会中更为广泛的现象和问题。因此，课程所选择的素材尽量来源于自然、社会中的现象和问题，以使学生感受到数学的价值和趣味。

　　实践性学习需求挖掘学生作为学习主体，以学生为本，要让学生在活动参与中去体会。而《义务教育教学数学课程标准（2021 版）》指出，数学教学应根据具体的教学内容，注意使学生在获得间接经验的同时也能够有机会获得直接经验，即从学生实际出发，创设有助于学生自主学习的问题情境。这就和实践性学习需求不谋而合，既然我们所遇到的都是生活中的数学问题，那学生学到知识以后就应该用行动去实践，去验证，去解决。"学以致用""实践出真知""实践是检验真理的唯一标准"等不正是说明了这一点。

《生活中的小数》这节课主要内容是让学生认识到生活中遇到的价格其实是小数,并由此展开小数的学习之旅,也因此有了这四个教学目标:结合商品价格,直观地认识小数;会正确读出以元为单位的小数,并能说出它表示的实际含义;能以小数表示"几元几角几分";初步休会数的发展源于生活、生产实际的需要。

1. 根据生活经验,初步感知小数

说到生活中的小数,人们会联想到价格、身高、体重、视力等,本节课选择从价格引入,引导学生利用生活经验对小数的意义和读写方面的内容进行讨论。本节课一上来通过超市创设情境,利用超市促销单中的火龙果价格来探究商品价格(7.98 元)的含义。学生利用自己的生活经验,可以一下子说出"7 元 9 角 8 分"。

根据价格的含义,小数的整数部分表示"元",小数部分的第一个数字表示"角",第二个数字表示"分"。"0"表示这一位没钱。

2. 根据生活经验,掌握小数读法

本节课用到的小数均来自超市促销单,让学生感受到今天学到的小数都是来源于生活,并不是老师凭空捏造的。老师在讲完火龙果的价格后,利用促销单上的其他商品价格,让学生巩固并理解小数价格的含义,并及时做到一层一练。

小数的读写是这节课的重难点,学生在初步尝试读小数时会基于已有的生活经验,如"一块""五毛"这种比较口头化的语言。所以在教学过程中选择什么样的商品价格作为例题也是非常重要的。我自己在教学时选用了"12. 12 元"这个数字,在规范语言后让学生尝试读数时会出现"十二点十二元"和"十二点一二元"两种不同的读法。根据生活经验,学生都知道价格的单位有 3 种,为元角分。如果是"十二点十二元",前面的十二表示元,后面的十二该表示角还是表示分呢?学生自然而然会得出这样的疑惑。通过小组讨论,学生自发得出了"十二点一二元"的正确答案。这时,我再利用促销单上的其他商品,让学生练习商品价格的读数,学生在先理解后练习的基础上,大大增加了读数练习的正确率,并最终得出了小数的读法。

在小数读数环节,有部分商品价格比较特殊,如"0. 06 元""5. 30 元""0. 60 元"和"100. 00 元"这些含"0"的小数。为了让学生理解小数中 0 的含义,选取了 3 个相似的价格让学生辨一辨 2.30 元、2.3 元、2.03 元的异同。因为学生知道"0"表示的是没有的意思,所以 2.30 元中表示的是 0 分而 2.03 元中表示的是 0 角,是不同的含义。

3. 根据生活经验，掌握小数写数

数学的知识是环环相扣的，学生根据已有经验和上述的学习可以初步尝试写数，尤其是在经过辨析环节后对于0的用法应该是更加清晰，通过练习将知识点进一步巩固强化。这里我在设计练习时，继续运用了超市这一情境，让每个学生化身小小营业员给商品标价。我用到了我们生活中的真实纸币和硬币，让学生一下子感受到数学与生活之间的紧密联系。不论是什么类型的练习都旨在让学生掌握小数的写法。

4. 巩固练习，回归生活

数学的新授课，讲究一层一练，每层练完以后还有一个综合练习。在本节课的最后我还设计了2个环节，一是感知生活中的其他小数，例如时间、长度、重量等。二是猜价格的小游戏，出示一包糖果，在游戏过程中再次练习价格中的小数的含义和读写知识。

本节课虽然只涉及到了价格中的小数，但其内容中涵盖的知识点是整个小数单元学习的缩影，本节课学生利用生活经验对小数的含义、读写都有了一个全新的认识，也为后续系统学习小数的知识奠定了基础，可以说这一节课起到了承上启下的作用。

本节课的另一重点在于课后作业，学生上课时用的是平时的生活经验，学完本节课的内容以后再去超市、菜场里看一看商品的价格，会对本课程的印象更加深刻。

对于当今的教育来说，什么样的课堂才是好的呢？每节课结束时，应设法在学生心理上留点余味，为学生课后自主探究、创新学习提供一点素材，使学生有一波未平，一波又起之感，课前、课后，自始至终主动参与学习。像这样课堂学习知识，课后回家验证知识，既能有效地培养学生应用知识解决问题的能力，又能让学生在实践中培养探究学习的习惯。如教学"圆的初步认识"这节课时，在探究圆的特征时，提出疑问，生活中哪些东西是圆的？能不能用其他形状代替？我设计了一个实践性的回家作业，抛出问题"为什么锅盖大多都是圆的？"让学生亲身体验并感受一下。

当代的数学学习已不仅仅是课堂里的事，它应该具有开放性、大众性和社会性。数学教学也应该从单一的课堂探究学习走向多维度的社会化数学探究学习，让更多的学生在生活中探索数学知识。教师在课堂上应留一些悬而未解的问题，让学生的心理处于暂时的不平衡状态，促使他们课后进一步探索和解决问题。从而在有限的课堂时间收到更大的教学效益。就像《生活中的小数》这节课一样，让学生实实在在地通过生活中遇到的事情来挖掘出有用的数学信息,再根据学到的数学知识去解决生活中的各种问题,这样的学习不正是我们每个老师所追求的吗? 还是那句老话——实践是检验真理的唯一标准。

(上海市嘉定区南苑小学 李迪)

课程创意4-2 当劳动遇上节日

习近平总书记在 2020 年全国劳动模范和先进工作者表彰大会上的讲话中强调:"劳模精神、劳动精神、工匠精神是以爱国主义为核心的民族精神和以改革创新为核心的时代精神的生动体现,是鼓舞全党全国各族人民风雨无阻、勇敢前进的强大精神动力。"劳动教育是学校教育的重要组成部分,更是帮助学生发展智力、完善人格、强健体魄、体验快乐、享受幸福以及提升学生整体素养的重要途径和内容。班主任作为劳动教育的重要组织者、实施者,就要不断地将传承劳模精神、劳动精神、工匠精神融入日常的劳动教育实践之中,引导孩子们从小树立学劳模、爱劳动、当先锋的意识。劳动教育的第一特性就是实践性,没有实践就无法体现劳动教育的效果,当劳动遇上节日,一场美丽的邂逅就此开启。

3 月 5 日,在这个讲文明、树新风,弘扬雷锋"全心全意为人民服务"精神的日子里,班级中三个楼组分别开展了"学雷锋社区义务劳动"的活动。"未来之星"小队成员们来到南苑七村的垃圾屋,积极参与垃圾分类活动。"清水"小队对小区墙壁上张贴的广告纸进行了彻底的铲除并清洗了社区宣传栏。"向日葵"小队来到福蕴社区,大家分工合作,擦桌子、擦窗台、擦宣传栏……不放过一个卫生死角,连垃圾桶的周身都擦了个遍,社区街道容貌焕然一新,环境得到了进一步美化。大家的劳动也赢得了社区群众的交口称赞。队员们纷纷表示:"今后,我们都要像雷锋叔叔那样爱祖国、爱集体,从身边的小事做起,从身边的人帮起,让'奉献爱心、助人为乐'的雷锋精神弘扬下去。"

五一劳动节正是开展劳动教育的大好契机。劳动最光荣,而光荣属于普天下所有的劳动者,是他们在城市的各个角落,用双手诠释职责,用肩膀撑起责任,用良心书写奉献，用汗水描绘人生。节日期间，班级开展了以"寻访身边劳模，学习劳模精神"为主题的社会实践活动。同学们通过探访实践，发现节日里身边有许多普通劳动者依旧坚守在平凡而又重要的工作岗位上。万丈高楼、华衣彩车，源于工人的劳动；一日三餐的粮食蔬菜，源于农民的劳动；救死扶伤身体健康，有医生的汗水；美味佳肴香顾客，源于厨师的劳动；边疆驻守家国安，源于士兵的劳动……他们中有不曾谋面的陌生人，也有朝夕相处的家人，为了城市的平安顺畅，他们放弃休假，都在各自的工作岗位上默默奉献。城市因为有他们的付出而祥和，千家万户由于他们的坚守而安心。

张瑶琪心中的劳模是她的外婆，她说从她记事开始，外婆每天都忙里忙外，像只勤劳的小蜜蜂，买菜、做饭、洗衣服、打扫卫生，一刻也闲不下来；在外还参加社区的各种公益活动，义务帮助维护小区的卫生安全等。每次她到外婆家看到满院子的花草，清香扑鼻，就想到外婆一直以来都是劳作不息，为了照顾别人付出了太多，外婆的勤劳为家人创造了美好的生活环境，也在日复一日的劳动中体现了自己的价值。

金李纳家的劳模是她的爸爸，他是一名税务工作者，每天早出晚归，到指定站点附近的商家辅导税收政策，给行人旅客发宣传资料，同时还在现场开展税务咨询。朱思怡爸爸的工作是抓安全生产的，工作起来既细致又严谨，检查每一台机器有没有关闭，废弃的零件有没有记录并归类，工具有没有放到指定的工具箱等等，当她看到筋疲力尽的爸爸坐在沙发上，深深地体会到爸爸的工作是那么的辛苦。

劳动教育对于立德树人，促进学生全面发展具有不可替代的作用。从雷锋到钟南山等抗疫英雄，再到一个个平凡的劳动者，时代在变化，劳模精神的内涵不断丰富，但劳模精神本质并没有改变，他们用一双双"巧手"弘扬劳模精神，用一颗颗"匠心"尊崇劳动价值。他们踏实肯干、意志坚定、团结协作的优良品质，使之成为有大爱大德大情怀的人。品德修养不是一蹴而就的事，需要在长期的社会实践中、在日常生活的点点滴滴中踏踏实实地磨炼达成。将班级活动与劳动教育进行有机联系和有序整合，充分发挥节日活动在以劳树德、以劳增智、以劳健体、以劳益美等方面的教育作用，促进学生亲近劳动的积极情感、良好态度与价值观的形成，体悟劳动之美。

劳动教育对学生的精神养成价值不只局限于文化熏陶和耳濡目染，更在于在劳动中养成的文化传承、劳动观念、公民意识价值。陶行知先生曾说过"生活即教育"，现代教育理念让课堂回归生活，生活中又处处有课堂，劳动教育与节日文化的美好邂逅，将文化教育和劳动教育紧密结合，让学生们情绪上受到感染，情感上产生共鸣，在劳动中体验中华文化的博大精深，培育文化自信和劳动意识，是培育下一代合格社会主义接班人的核心素养的一条有效途径。

（上海市嘉定区南苑小学　居玉蓉）

课程创意4-3　　在实践学习中提升"量感"

"量感"是小学数学核心素养之一。"数"与"量"是不可分割的。顾名思义，"数感"是"数"的感觉，"量感"就是"量"的感受。所谓"量感"，是指一个人对大小、多少、长短、轻重等量的形态的感性认知，是一个人借助视觉、触觉等感官对量的感知、把握。"量感"具有一定的抽象性，都是思维的产物，并且与我们的生活有着密切的联系。笛卡尔说："数学是知识的工具，亦是其他知识工具的源泉，所有研究顺序和度量的科学均和数学有关。""量感"对学生学习计量单位、提升学生数学估测能力，发展学生的数学高阶思维等都具有重要作用。在小学阶段，"量感"主要是指对长度、面积、体积、时间、质量、容积、货币等的感性认知，因而，关注小学生的"量感"形成，对发展学生思维能力、问题解决能力等都具有重要意义和价值，培育学生"量感"是"核心素养"时代背景下数学教学的应然追求。翻阅教材中相关单元的教学内容均有让学生感知、体验、活动、估测的内容，意在借助图形直观与具体实践操作帮助发展学生终身受用的估测能力，提高生活中应用数学的意识，落实学生数学的核心素养。因此在学习计量单位的教学中，实践性学习是帮助学生能够在直观体验活动中获得对量的准确感受的重要桥梁。

心理学家皮亚杰指出："6岁到12岁的小学生心理发展的重要特点是对新鲜的具体事物感兴趣，善于记忆具体的事实，而不善于记忆抽象的内容。"四年级的学生的思维正处于由具体形象思维向抽象逻辑思维过渡的阶段，课堂中加入实验操作、课外布置相对应的延伸性实践操作任务，在数学知识的抽象性和学生思维的形象性之间架起了一座"桥梁"。学生能够通过实验操作，进行"探究、发现、分析、归纳、总结"等思维活动，最终形成对所学概念的理解，能够在接下去的学习、生活中灵活地运用。

基于学生在"量感"相关概念的学习时产生的实践性学习需求，我校数学教研组在相关单元的学习中进行了实践性学习课程的设计。

以上海市《九年义务教育课本·数学》四年级第一学期第三单元中《毫升与升的认识》的教学设计与实践为例，在课堂教学上作如下设计。

教学目标：

（1）通过实验操作活动认识毫升与升，初步建立毫升和升的量感，知道毫升与升之间的关系。

（2）能够利用"实验＋计算"的方法来解决问题。

（3）能够利用参照物去估测身边常见物品的容量。

（4）在学习活动中感受到数学与生活的密切联系，体验数学在生活中的应用和乐趣。

教学重点：通过实验操作活动认识毫升与升，初步建立毫升和升的量感，知道毫升与升之间的关系。

教学难点：通过实验、推理等方法初步建立毫升与升的量感。

在确定了教学的目标及重难点后，根据所列的几点教学目标分别进行了设计。首先是创设实践性学习需求的情境，以"游泳训练后要滴眼药水，每人每次左右眼各2滴，有50位同学去游泳需要多少瓶眼药水？"问题导入。因为四年级的学生普遍都会报名学习游泳，因此他们对这个情景也是比较熟悉的，另外可以借助认读一瓶眼药水的容量，引出今天学习的课题"毫升与升的认识"。其次针对教学目标1，在猜想到底需要多少瓶眼药水后提出可以通过做实验，在实践中检验自己的猜想从而得到结论，本着严谨的科学态度，规范实验实践的步骤。给出实验的流程：制定实验步骤、实际操作、得出结论。在交流方法的时候大家认为应该验证一瓶10毫升的眼药水一共有多少滴，可以先实验一滴眼药水是多少毫升，如果不到1毫升就看看多少滴到1毫升。由此转变到教学目标2，实践操作得出1毫升眼药水大概有21—25滴后，相对于测1瓶眼药水有多少滴，采用"实验＋计算"的方法来解决问题更加高效。在学生获得了实践性的学习经验之后再回到教学目标1。教师给出情境：人体每天需要喝水应该在1 400毫升左右。先出示熟悉的标有容量的养乐多的瓶子，说一说要多少瓶？再给出一个未标有容量的烧杯,让同学们再次提出问题进行实践操作来验证猜想。从而使在毫升与升的量感的建立,及把握毫升与升之间的关系时学生就有了更多的实践经验做依托。

不仅在课堂上,根据课时内容满足学生的实践性学习需求,在课后根据单元整体的教学要求,设计了实践性学习任务单,让每个同学利用国庆假期去逛一逛超市寻找并记录用克和千克做计量单位的商品、用毫升和升做计量单位的商品等,借助这样的实践性学习不仅能使学生初步建立重量多少、液体容量多少的"量感"还让同学去发现重量和容量之间存在着一定的联系,例如有的袋装牛奶上标的容量是200克。后续还包括了对量感的强化,让学生去估测容量的大小的活动。

在培养学生"量感"的教学活动中,让学生通过实践性学习去感量是逻辑的起点,并且经过实验实践,增强了学生的量感体验,磨砺了学生的量感思维,提升学生对量的认识,培育学生基于"量感"的核心素养。因此我们教研组也尝试布置更多的实践性作业,让学生在课余课后进行量的积极探究、应用。如教学《时、分、秒》前有让学生制作时钟认识时钟等活动,在教学后有让学生体验一些日常的生活中的事都要花多少时间等,尝试在实践性学习中培育学生的量感,尝试让学生量感培育的方法变得更加清晰。

在整个实践性学习课程的学习中,首先学生的学习兴趣被充分调动,学生重新重视学习,大大提高了学习的效率。其次实践操作让知识的建构有了依托,学生更容易掌握知识的本质,提升"量感"的核心素养。再次实践操作让学生成为了学习的"主人",激发潜能,增强了学习的主观能动性,提升了解决问题的能力。最后实践性学习让教师更加重视前期课堂教学内容的准备和作业的设计。

通过实践操作,积累基本活动经验,使得数学与生活的联系变得更加的密切,同时也拓展了学生的知识广度、思维的深度,为学生数学素养的提升"保驾护航"。

(上海市嘉定区南苑小学　徐鹏飞)

课程创意 4-4　　Happy New Year!

在基于单元的小学低年段英语课堂中,通过开展多种语用实践活动,帮助学生在活动中习得新授知识、加强语用体验、提升情感共鸣是一种实用性强、性价比高的学习方法，它不仅能够激发学生的学习兴趣，还能培养学生的探究能力和生活能力，也是提升英语学科核心素养的重要途径。《义务教育英语课程标准（2011 年版）》设定了小学英语的教学目标为"用英语做事"，旨在提高小学生以言行事的能力。但在日常教学中，不难发现以下现象：有的学生经过一段时间的学习喜欢上了英语课，积极主动参与个人诵读、课堂互动、小组合作，随时展现出"自信的光芒"；而有的学生迟迟不愿主动表达，成为班中"安静的存在"，常常游离在情境之外，无法感受英语学习的快乐和收获。

　　我认为他们在英语学习成效和态度上的差异，主要在于是否高效参与了课堂语用实践活动。小学低年段学生属于初级学习者和使用者，即应具备一级语用能力：能理解日常生活中用简短话语直接传递的交际意图，如问候、感谢、请求等。而语言的交际性则主要体现在语言的实践过程中，因此，对于低年段的英语课堂，教师可通过创设生动的语境，运用角色扮演法提供真实场景、激发学习兴趣、丰富语用体验，给予学生用英语在特定情境中开口说一说、问一问、演一演的勇气和实践体验，可在很大程度上帮助学生找到打开英语学习之门的金钥匙。

　　都说，"学以致用"，学习的最终目的指向获得幸福生活的能力。小学低年段学生处于感知运动阶段，他们学习的主要特点是依赖直观的外在感受；因此，只要教师善于运用生活化素材，引入课堂教学，指导并鼓励学生多维度参与课堂语用实践，将角色的个性、思维、行为特点等通过语言表达直观展现出来，就可以通过逐步实现感知角色、情感共鸣、内化新知，从而提升学生的语言表达和实践能力。现以"Happy New Year!"为例阐述我是如何运用角色扮演法培养学生的英语语用实践能力。

　　1B Module4 Unit2 New Year's Day 的单元主题是 New Year's Day，这一主题涉及到节日，既是学生较为熟悉的生活常识，又体现出了很强的真实性和生活化。本单元分为两个课时，单课话题分别是 I like New Year's Day 和 Happy New Year。通过以上两课时的学习，旨在通过对新年的节日特征、节日活动的学习，让学生了解新年的节日特征，感受丰富多彩的节日活动带来的喜悦和美好；了解新年活动的参与过程和交流方式，并表达对朋友与家人的关爱。

教学片段:运用角色扮演,丰富语用趣味。

在本单元第二课时 Happy New Year! 的课堂教学中,笔者通过设计 Tom,Kitty 到 Danny 家参加 New Year Party 的情境,并在第一课时的延续上结合各个角色的在元旦当天的喜好互相赠送新年礼物,来学习表达核心句型 A gift for you. 同时用 I like the _____, _____ and _____. Thank you. 的句型表达对礼物的喜爱并回赠礼物。根据本课时对话环节偏多的设计,笔者更多地融入了角色扮演法,让学生充分感受角色在节日当天的行为和情感体验,为自主语用输出打下基础。

T: Look! Danny has a New Year Party at home on New Year's Day! Ring! Ring! Wow! Who is coming? Can you guess?

S1:Maybe Kitty.

S2:Maybe Tom.

S3:Maybe Peter.

T: Yes, Kitty, Tom and Peter are Danny's friends. On New Year's Day, friends get together and have a good time. Look carefully, what can you see?(图片呈现电子鞭炮)

S1:I see toy firecrackers.

T: Wow! Yes! We can play with toy firecrackers on New Year's Day. It's nice and safe. Do you like it?(复习第一课时中涉及的节日安全知识)

Ss:Yes!

T: Good! So who is coming with the toy firecrackers?

Ss:It's Tom!

T: Let's have a look!(图片呈现 Tom 带着电子鞭炮作为新年礼物来做客)oh! You are so great! Tom is happy to be here. What can he say to Danny?

S1:Happy New Year, Danny!

S2:A card for you, Danny!

S3:Good morning, Danny!

S4:Let's play with the toy firecrackers!(学生联系语境、旧知和常识角色扮演,进行新年问候)

T：Nice answers. Listen to Tom. 放音频：Happy New Year, Danny! A gift for you! Now, I am Tom. Listen to me：Happy New Year, Danny! A gift for you! And who can be Tom?

S1：Happy New Year, Danny! A gift for you!

T：Happy New Year, Tom! Thank you!

S2：Happy New Year, Danny! A gift for you!

T：Happy New Year, Tom! Thank you!（教师通过角色扮演示范新年问候和赠送礼物的表达，过渡到学生个人角色扮演，同时教师仍通过角色扮演展示回应的方式）

T：Now act it with your deskmate, please. Tom and Danny, go!（同桌互动，角色扮演）

T：Now boys, you are Tom. Girls, you are Danny. Let's say the warm words to each other.（男女生角色扮演新年问候、互赠礼物和表示感谢的过程）

Boys：Happy New Year, Danny! A gift for you!

Girls：Happy New Year, Tom! Thank you!

在本课时的教学中，只涉及一个新授核心单词即 gift，但是对于这个单词的概念在第一课时中学生已初步了解。因此本课时重点需要呈现互赠礼物的过程，以及对礼物的描述并表达喜爱和感谢之情。在以上片段中，笔者通过 toy firecrackers 这一物品让学生根据第一课时的学习猜测前来参加聚会的角色为 Tom，第一时间让学生进入特定的角色中，并根据 toy firecrackers 引出核心句型 A gift for you! 让学生初步感知礼物的含义和内容的多样性，即不同的人会送不同的礼物。同时通过师生合作扮演到个别学生扮演示范，再以男女生角色扮演互动的多元方式学习单词 gift 的朗读，同时初步感受在元旦相互问候以及赠送礼物的过程，让它们有机结合起来，通过多元化、多途径的角色扮演帮助学生在语用实践的过程中有效建立起学生与语用内容之间的体验和情感联系，而不是单一地进行朗读训练，从而增加了学生学习的一体性和趣味性。

学习品质在学生的学习中起着至关重要的作用，是促进学生学习的内在动力，也决定了其终身教育和可持续发展的质量。语言学习是一个复杂的认知过程，而角色扮演法的运用在低年段的英语教学中也是需要基于教学目标、方法策略和学生需求的。

教师在教学的不同语境、阶段和环节的设计中如何通过语用实践的载体选择不同形式的角色扮演活动来激发学生学习兴趣、营造真实学习语境、增强互动的有效性、满足学生实际语用需求等都需要教师对教材有充分的理解能力并具备扎实的教学基本功,才能有效地发挥角色扮演的实际用处,去引导学生在实践中思考、总结和感悟实际生活,在提升其获取知识的能力的同时,着力助推学生学科核心素养和学习品质的形成。

(上海市嘉定区南苑小学　张瑜)

课程创意4-5　　诗画与琴韵　沉浸式体验古诗韵味

现代社会需要的是全面发展的人才,既要具备丰富的知识,能够为社会所用;也要有强健的体魄,以创造健康快乐的生活,应对日益加快的社会节奏;更要有健全的精神,具备爱国的情怀与正确的价值观,能够体验善与美。因此,现代学校教育在教授书本知识的同时也更加注重学生综合素养的培养。实践性学习在核心素养培养的过程中具有十分重要的意义,学生的学习过程需从课本中来,到生活实际中去,运用眼、手、耳、口等多重的体验以加深理解学习内容,从而使"所学"变为"所用",真正化知识为力量。

在语文学科中古诗词学习占有相当大的比重,诗词凝结着我国古代文化的精华,是古代生活实践的体现与集中描写,无论是沙场点兵还是田园风光、山河咏颂,无一不体现着我国的古典审美志趣,诗词的学习也能够加深学生对我国古代文化的认识,继承祖国的优秀文化思想。然而学生的审美情趣和高尚情操并不是与生俱来的,无法从单纯的诗文诵读中感受诗韵美感,因此在一年级上册《画》教学中我结合了古典文化的诗、乐、画,让学生在画中、琴声中感受古诗的美好。

教学片段一:
教学准备:教学课件、绘画纸、水彩笔。

欣赏与实践
(1)(出示诗句:远看山有色)同学们,读完了古诗,我们还要理解古诗的意思,想一想第一行古诗在描写什么景物呢?

预设:第一行古诗在描写山。

(2) 这位同学句子说得十分完整,是的,第一行诗是描写山的景色。看,我国有许多名山大川。(展示我国名山图片)有形状各异的黄山,有高耸入云的庐山,还有连绵不绝的祁连山脉。如果你是小画家,你会给画中的山涂上什么颜色呢?

预设:绿色、青绿色、深绿色

(3) 学习生字"色"并组词,配乐朗读诗句。

(4) 古人在游览名山大川后会在纸上也描绘出祖国的大好河山,老师为每个同学都准备了一张画纸,请你也在画纸上画出你心中的山吧!

(5) 播放古筝曲,学生作画。

(6) 展示学生作品。评一评谁画的山最好看。

(教学说明:学生先观察现实生活中的山川以明确理解诗中所说的"山有色"是指"山的颜色是苍翠的绿色",通过作画感受古人志趣。引导学生运用眼观、口说、手动感受和理解诗句。)

教学片段二:

(1) 我们知道了第一行诗的意思,画中的山是苍翠的绿色,同学们也在琴声古韵中体验了做小画家的乐趣。(展示第二行古诗:近听水无声)现在我们想想古诗第二行在描写什么景物呢?

预设:古诗第二行在写水。

(2) 学习诗句,读好"近、听、声"等生字。

(3) 我们听一听,这是什么声音?(播放风声、鸟叫声、流水声)

预设:我听到了风声、鸟叫声、流水声。

(4) 我们走进河流、溪流,都会听到清脆的流水声,然而诗句中是怎么写水的呢,你能说说这句诗的意思吗?

预设:走近了听,水是没有声音的。

(5) 为什么流水是无声的呢?

预设:因为这是一幅画,画中的水是静止的、无声的。

(6) 现在也请你画出一条无声的河流吧!播放古筝曲,生作画,展示并评价。

(教学说明:通过耳听,倾听自然,理解画中水与现实中的水有所不同,通过动手作画使学生的想象力落于纸上,让诗句描写的景色更加具象化。)

传统教学过于强调知识的灌输,学生被动接受学习内容,尤其在诗词学习中往往不求甚解,只需要熟读成诵,教学与学习过程甚为枯燥。这导致学生在接触诗词学习的时候觉得很头疼,因为诗句本身很难理解,在学习后往往又要背诵,造成学生畏惧、不情愿的学习心理。

现代教育则应以学生为主,注重引导学生在学习知识的基础上在实践中培养独立思考的能力和向美向善的情感。本课教学没有一味地由教师讲解,而是通过欣赏风景、耳听乐声、动手作画、开口表达等多种实践方式,让学生沉浸式感受诗歌意境的奇妙,既做诗歌诵读的体验者,也做自然界的观察者、倾听者,继而也像古人那样让脑海中的景物跃然纸上,这让古诗教学更加灵动,充满乐趣与丰富的审美体验,全方位地培养学生对美的体验。

(上海市嘉定区南苑小学　赵越)

课程创意 4-6　扑克游戏帮我学数学

数学实践活动,是教师结合学生有关数学方面生活的经验和知识背景,引导学生以自主探索与合作交流的方式开展的形式多样、丰富多彩的学习活动。从广义上来讲,实践活动包括学生在理解数学知识形成、建立数学概念的过程中所亲自进行的动手、动脑、动口等一切操作活动。从狭义上讲,实践活动是指一个个的"小课题",对学生而言它是一个比较大的综合性问题,它具有一定的探索余地和思考的空间。学生恰恰需要这种实践性的操作要求。

促使学生积极参与学习是课堂教学永恒的追求,是有效教学的核心。没有参与就没有教学,因而在教学中必须充分调动学生学习的积极性、主动性和创造性,使学生在课堂上精神饱满,通过动手、动眼、动口,最大限度地提高学生参与到学习过程当中。新课程为学生的参与提供了积极背景,如立足生活,联系、尊重学生的生活经验,注重情境的创设等,作为教师创造性地使用这些因素,随时关注学生参与的状态、广度、时间、方式及效果等,体现学生学习的自主性,从而确保学生的积极参与,充分落实学生的主体地位。新课标提出数学教学是数学活动的教学,而数学活动应是学生自己建构知识的活动。因此,从"以学论教"的理念出发,精心设计了"扑克牌帮我学数学"课程,利用一张张扑克牌让学生"在游戏中实践,在参与中体验,在活动中发展",真正体现以学生主体实践活动为基础的有效课堂教学。

本课程以"扑克游戏"为主题,包含5个单元。扑克牌基础知识、算24点、接龙、升级和斗地主。用扑克牌玩数学游戏,它取材简易。进一步提高学生的口算能力。通过试算、调整等思考过程,掌握解决问题的策略,进一步提高解决问题的能力。通过动手实践,增强学生学习数学的兴趣。在课堂活动中,进一步培养学生的合作意识和探究能力。

三年级下册有一个单元的内容是"三位数除以一位数",这部分知识对于八九岁的孩子来说,难度比较大,而且枯燥的计算,孩子们一点兴趣也没有,计算时错误百出。怎样让孩子们既感兴趣又能使计算正确呢? 我陷入了沉思……冥思苦想,我一定要让我的孩子们快乐地学习,享受学习过程带给他们的喜悦,而不是做一个痛苦的没有乐趣的接受知识的容器。一个新的游戏渐渐在我的脑海里清晰起来,这次让数字卡片粉墨登场。让每个学生准备0—9共10张数字卡片,每两人一小组,强弱搭配,每两个小组分为一个比赛组。游戏规则:摆出0—9的卡片,挑出4张,出题小组的同学选出其中的三张卡片组成任意的一个三位数作为被除数,剩下的一张卡片上的数作为除数,另一组的两个同学要同时进行计算,两人的计算结果都正确才算有效,如果同学有了错误,另一个同学要及时帮助他纠正错误,然后记下余数。交换出题,每次计算两人都正确后记下余数,余数之和最先达到20的小组获胜,获胜的同学可以很自豪地将自己的大名写在黑板上。游戏开始后,教室里虽然有嘈杂的说话声,但每个孩子都在紧张而认真地计算着,尤其是那些平时比较懒散的同学,这时候被同组的同学催促着,一点也不敢怠慢,更不敢不仔细,每个小组的同学都在争分夺秒,唯恐自己失误。大家都争取将余数之和凑够20,以胜利者的姿态走上讲台,在黑板上写下自己的名字。在游戏中,时间过得很快,一节课结束了,孩子们还意犹未尽。我告诉孩子们这样的游戏,我们还会继续,全班孩子发出了由衷的欢呼声。其实,在这个游戏中,孩子们练习了很多的除法计算题,各种类型的都有,但就是因为有了游戏的性质,孩子们亲手实践,他们的学习积极性空前地高涨。在后面的游戏中,我又增加了难度,余数之和达到 50 才算获胜,孩子们一开始都在取任意的数作为除数,慢慢地,我发现有一部分孩子每次计算都用 9 做除数,我的内心感到一阵惊喜,不用老师教,孩子们在自己的摸索中发现了计算的规律。我问他们为什么要每次用 9 做除数,他们很神秘地悄悄告诉我,因为除数是 9 的时候,这个算式的余数最大是 8,如果除数是 2,余数最大只能是 1,更多的时候没有余数,如果除数是 1,那就没有余数,要想将余数之和凑够 50,只有让余数每次都最大,这样获胜的速度就更快。我不由得感叹,孩子的智慧真是一座巨大的宝库,就看我们拿什么样的钥匙去开启!下课铃声响起的时候,黑板上已经写满了名字,孩子们的脸上洋溢着胜利和喜悦,而我也陶醉在这快乐的氛围中,分享着孩子们胜利的甘甜。

给学生提供动手实践的机会,变"听数学"为"做数学"。学生对数学的体验主要是通过动手操作,动手操作能促进学生在"做数学"的过程中对所学知识产生深刻的体验,从中感悟并理解新知识的形成和发展,体会数学学习的过程与方法,获得数学活动的经验。它是学生参与数学活动的重要方式。

扑克游戏将学生实践探究看成是课堂教学的延伸和拓展,根据学生的知识基础、认知水平和心理发展的特点,教师尽可能地选择适合学生特点的、趣味性较强的内容,并以学生喜闻乐见的形式开展教学活动,做到难易适中、形式丰富、内容新颖,以此激发学生的学习兴趣,保持学生的学习积极性,使学生乐于参与,在参与中自信起来,以求实效。要提高小学数学的教学效果,就必须引导学生主动参与教学过程。老师不仅要研究学生的学习方法,还要研究教学方法。凡是学生自己能学会的,就应该创造条件让学生自己学;凡是学生能自己动手做的,就应该创造条件让学生自己做,尽量给学生提供表现自我展示能力的机会。真正使学生成为学习的主人,而老师是"组织者"与"引导者"。

(上海市嘉定区南苑小学　陆玉芳)

▌ 问卷设计 ▌
注重课程资源整合关注学生发展

综合实践性课程作为一门实践性、开放性、自主性和生成性等都较强的综合课程，越来越被各年级同学所青睐，它也作为南苑小学的特色课程在正常有序地开展着，为了更好地了解同学们对于此课程的认识和态度，以便更好地进行实践活动，培养学生的综合能力及情感态度，特设计此教师、学生调查问卷。

以下是教师调查问卷：

尊敬的老师：

您好！为了真实地了解我校教师对实践性课程的认识以及课程的实施情况，请您协助我们做好以下调查，留下您真实的想法，谢谢您的合作！

任教年级： 主要教学学科：

1. 您对这门课程的理念、目标、实施内容和方法了解程度如何？
（ ）

A. 透彻 B. 较了解 C. 略有所知 D. 不了解

2. 您参加过哪一层次的培训？（ ）

A. 国家级 B. 省级 C. 市级 D. 区级 E. 校级

F. 都没有参加

3. 您认为比较有效的培训方式是（ ）

A. 专题报告与讲座 B. 观摩活动及点评

C. 有指导性的讨论与研讨 D. 综合式（含讲座、听课及点评）

E. 其他

4. 您最感兴趣的培训内容为：（ ）

A. 课程理念 B. 教师与学生的评价 C. 课程的开发

D. 常态教学的模式 E. 过程实施的方式方法

F. 学生活动能力的指导　G. 其他

5. 您认为对自己帮助最大的培训者是(　　)

A. 学科专家　B. 有实践经验的学校校长或教导主任、骨干教师等

C. 教研员　D. 其他

6. 您认为目前制约综合实践性课程常态实施的主要因素是(　　)

A. 缺少课程资源　B. 缺少政策支持和经费保障　C. 学校不重视

D. 工作量大,压力大　E. 缺乏专业教师和指导　F. 课时调配问题

G. 教师的积极性不高　H. 社会、家长不理解,不支持　I. 其他

7. 您认为开设综合实践性课程对其他学科课程的影响如何?
(　　)

A. 促进其他课程教学　B. 阻碍其他课程教学　C. 相互影响不大

D. 互不干扰

8. 您在实施综合实践性课程中遇到的最大困难是什么?(　　)

A. 教材适用性问题　B. 实际操作难度大　C. 学生的安全问题

D. 活动内容开发、设计的难度大　E. 其他

9. 您认为有效实施综合实践性课程,最主要因素是(　　)

A. 教师指导得力　B. 学生的活动能力　C. 家长支持

D. 学科教师间的协作　E. 其他

10. 我校综合实践性课程实施内容开发情况如何?(　　)

A. 自主开发　B. 借鉴其他资料　C. 照搬其他教材

D. 还没有开发

11. 您认为综合实践性课程对于提高学生的综合实践能力有帮助
吗?(　　)

A. 有很大的帮助　B. 有一点帮助　C. 没有帮助

12. 在实践过程中,您喜欢用哪种形式完成?(　　)

A. 小组合作完成　B. 学生独自完成　C. 全班共同完成

13. 您是否按时上综合实践活动课？（ ）

A. 是 B. 基本上是 C. 不是

14. 你喜欢如何组织综合实践活动课？（ ）

A. 指导学生发现问题、研究问题、调查解决问题

B. 在课堂上直接讲解知识，不用学生自己去花费时间探究

C. 放手让学生自己开展喜爱的活动

15. 您希望实践活动主题如何确立？（ ）

A. 自己设计 B. 学校提供 C. 师生共同设计

16. 在实践活动中，你会对学生的活动成果作出评价吗？（ ）

A. 是 B. 基本上是 C. 不是

17. 在我校，综合实践性课程的指导教师是如何产生的？（ ）

A. 学生小组自主选择 B. 学校统一安排 C. 有限定范围的教师和学生双向

18. 我校开设综合实践性课程已有多长时间？（ ）

A. 1—2 年 B. 3—4 年 C. 4—5 年 D. 5 年以上

19. 在综合实践性课程的课时安排上，我校所采用的模式是？（ ）

A. 每周安排几课时，分散在课表中

B. 灵活有序，有时几节课连排，有时单排 C. 以单排为主

D. 以连排为主 E. 不占用课时，课外（周末、寒暑假）进行

20. 你对综合实践性课程有什么好的建议？

_____

以下是学生调查问卷：

亲爱的同学:

你好!这是一份有关你们自己的调查问卷,你的意见相当宝贵,请如实填写,谢谢参与!

性别( )　年龄( )　年级( )

1. 你对学校的综合实践课感兴趣吗?( )

A. 很有兴趣　B. 一般　C. 没有兴趣

2. 你认为综合实践活动会让你:( )

A. 学会更多知识　B. 开拓视野,锻炼能力　C. 学不到什么东西

3. 你喜欢老师上综合实践活动课的方式吗?( )

A. 喜欢　B. 一般　C. 不喜欢

4. 在实践过程中,你喜欢哪种形式完成?( )

A. 小组合作完成　B. 独自完成　C. 全班共同完成

5. 你愿意参加同学们的研究讨论吗?( )

A. 不愿意　B. 有时愿意　C. 愿意

6. 在讨论中,别的同学发言时,你怎样做?( )

A. 不愿意听,没兴趣　B. 想听就听,常开小差　C. 认真听

7. 你会收集资料吗?( )

A. 不会　B. 不太会　C. 会

8. 在实践调查等活动中,你是这样做的:( )

A. 和小组成员一道做　B. 喜欢自己一个人单干

C. 希望老师陪着做

9. 如果活动中遇到问题或困难,你的家长采取何种态度?( )

A. 积极帮助　B. 有时帮助　C. 不理睬

10. 对于老师布置的社会调查、收集资料,你是否积极完成?( )

A. 积极　B. 一般　C. 不积极

11. 在查找资料时,你会选择哪些方式?( )

A. 询问他人 B. 看书 C. 上网 D. 其他方式

12. 你活动时喜欢哪些活动方式?( )

A. 参观 B. 实验 C. 调查 D. 访问 E. 宣传 F. 义务劳动

G. 其他

13. 你的实践活动主题如何确立?( )

A. 老师提供 B. 和同学讨论 C. 自己制订 D. 其他_____

14. 你喜欢用什么方式展示自己的实践成果?( )

A. 交流 B. 以报告等形式汇报 C. 表演、操作 D. 其他

15. 你觉得上实践课对你的成长有帮助吗?( )

A. 帮助很大 B. 一般 C. 没有帮助

16. 在你的成长记录袋中,你想搜集哪些东西记下你的实践过程?
( )

A. 活动方案 B. 作品(调查报告、小制作等) C. 照片 D. 其他

17. 实践活动中,你最希望得到谁的评价?( )

A. 同学 B. 老师 C. 家长 D. 自己

18. 你对综合实践课有什么好的建议或收获?

_____

▍ 调查报告 ▍
实践，摘取学生成长的果实

一、调查背景

小学实践性活动课程作为教育体制改革中的重要内容,具有鲜明的教育意义。基于此以调查南苑小学综合实践性课程的实施现状为切入点,先总结概括学校在该课程实施过程中所遇到的问题,再针对这些问题进行分析并探索对策,提出以学生兴趣为导向,注重实施过程;加强课程指导,配套管理措施;合理开发资源,实现可持续发展;深入开展活动,完善评价体系。

二、调查对象与方法

1. 调查对象

2020 年 9 月—10 月,运用问卷的形式对南苑小学全体学生和教师分别进行调查。

2. 调查方法

本次调查以匿名问卷的方式收集到一定数量真实可靠的原始数据,以问卷对我校在校学生及教师进行调研并形成报告。

三、调查结果与分析

1. 调查结果

本次调查共发出问卷 1 007 份,其中学生问卷 940 份,教师问卷 67 份。回收学生问卷 901 份,其中有效问卷 887 份;回收教师问卷 67 份,其中有效问卷 67 份。

2. 调查问题分析

（1）师资配置

调查问卷显示执教教师来源 92％是兼职教师。在综合实践课程的科任教师中，68％为数学、语文、美术科任教师，37％为班主任。综合实践活动课对教师的专业性、组织能力、领导能力和引导能力有更高的要求。

（2）课程了解程度

对南苑小学问卷调查的结果显示，教师队伍中对综合实践性课程的理念和性质及实施内容和方法"了解"的占 63％，有 37％的教师表示"较了解"或"略有所知"。教师对该课程认知程度较高。在 940 名接受问卷调查的学生中，对综合实践性课程"是一门怎样的课程"这个问题表示"了解"和"比较了解"的有 71％，29％的学生表示对该课程"不太了解"，主要集中在未参加过学校综合实践性课程的学生中。

（3）课程的认可度

学生普遍对实践性课程的实施情况反映良好，认为实践性课程的开设，能提高自己"学习的兴趣与态度"的占 91.4％，能提高自己对"教师教学方法的兴趣"的占85.2％，有利于减少"学习负担"的占 75.3％，能促进"知识与技能掌握"的占 86.4％，能提高学生"动手实践能力"的占 87.7％. 这些数据都充分说明综合实践活动课程自身具有的开放性有利于为学生主动学习提供机会，学生在课堂中参与的机会增多了，课堂气氛活跃了，师生关系更融洽了，有利于学生主体性的发挥. 有利于激发学生的问题意识和探究愿望，使学生获得自主发展。

四、提升学生实践性学习能力的对策

1. 整合教学内容，实现学科相互融合

在具体应用教材时，教师需要有整合优化的意识，对教材内容做出科学的取舍处理，以提升教学内容的适合性。教师不妨从校本课程中吸收一些内容，也可以借助网络渠道展开素材搜集，如果能够给学生提供内容搜集参与机会，不仅能够丰富教学内容资源，还可以调动学生学习主动性，在实践操作过程中形成基础能力。教师要对文化课程内容做深入研究，或者与学科教师进行沟通研究，及时汲取其他学科的营养，为综合实践活动设计提供重要助力支持。

2. 吸纳先进教法,优化设计组织程序

综合实践性课程打开后,教师需要在教法和学法两个方向展开研究,利用多种渠道搜集教法学法信息,做出整合处理,为学科教学提供更多选项。首先是教法选择时,教师需要有创新意识,借助媒体手段创设教学情境、组织学生展开实验操作、进入生活进行实地观察等,都能启动学生学习思维,形成学习内驱动力。其次是学法研究方面,教师对教学内容进行深入研究,对学生学法积累情况有客观认识,针对不同群体学生学习需要,推出不同学法信息,满足学生的个性需要。

学生习惯教师设计教程,或者是推出实践活动,这样被动性学习,其学习效果会大打折扣。因此,教师鼓励学生主动学习,展开创意实践与探索,对实践活动调整提出更多建设性意见。这样可以为综合实践活动学习带来更多亮点。

3. 强化动手操作,促进生活认知对接

综合实践活动带有实践性,教师设计活动时带有倾向性,学生回馈更为及时,由此建立起来的学习认知更为鲜活。综合实践课程追求综合性,降低了对理论的学习要求,教师展开综合设计,推出更多实践活动任务,让学生在实践操作过程中掌握学科能力。实验、调查、观察、操作、编辑、制作等,都带有操作属性,教师针对形式展开教学设计,利用更多实践活动做出推演和设计,势必能够给学生提供更多主动思考的启迪,也能够对其生活形成对接,充分调动学生学习主动性,在创造性实践探索中建立学科基础认知能力。

综合实践性课程与学生生活的对接点众多,教师需要做出筛选和创新探索,以提升教学适合性。学生结合生活认知参与到综合实践活动之中,不仅能够顺利启动学习思维,还能够培养良好感知习惯。

4. 延伸社会实践,完成综合能力培养

综合实践活动学科与社会有关联和融合,教师在教学设计和组织时,需要对训练设计做出探索,鼓励学生进入社会生活之中,在社会性实践中学习和锻炼。生活观察、社会调查、公益宣传、家庭劳动、社会服务等,都带有社会属性特点,教师要做好对应设计,组织学生在具体参与过程中形成学科能力。特别是家校管网建设,为学生参与社会性实践活动创造良好条件,在家长的直接参与下,学生对综合实践活动有了全新的认识,能够顺利进入到实践之中,并在深度思考和广泛互动中形成学习实践共识。

综合实践性课程是多种学科的集合,带有融合性、实践性、开放性等属性特征,教师在课程内容整合、教学方法创新、活动组织调度等方面进行一些综合设计和调整,都能够给学生带来全新学习体验,增加学生实践契机,强化学生学习思维,形成完善的学科认知体系。学生大多喜欢参与综合实践活动,教师深入教材展开对应研究,找到学科设计融合点,在更多方向做出努力,有利于更好地促进学科融合。

第五章

社会性学习需求：促进多元化发展

　　人的本质是一切社会关系的总和，如何才能在短暂的生命里实现更高的人生价值呢？一个人对社会和他人所作的贡献越大，他在社会中获得的人生价值的评价就越高。学习不是个体孤立进行的活动，它一定发生在社会关系框架之中。无论是作为学习活动主体的人，还是作为学习活动客体的知识或经验，以及学习活动的中介工具和环境，都具有社会性。学校理应担当起帮助学生认识社会、融入社会、造福社会的使命，培养学生获得足够的社会能力与价值观。

　　社会性是一个关乎人类本质的概念。马克思曾经提出,人的本质是一切社会关系的总和。人是社会动物,任何个人都不能脱离社会而单独存在。司马迁说:人固有一死,或轻于鸿毛,或重于泰山。如何才能在短暂的生命里实现更高的人生价值呢? 实际上,一个人的生活具有什么样的价值,从根本上说是由社会所规定的。人生价值评价的根本尺寸,是看个人的生活是否符合社会发展的客观规律,是否通过实践促进了历史的进步。一个人对社会和他人所作的贡献越大,他在社会中获得的人生价值的评价就越高。人不可能脱离社会,因此,学习过程中也应该与社会紧密结合。

　　学习是获取知识、增强意识、塑造人格的最主要途径。虽然学习是个体的,他人无法替代,但是学习又不是个体孤立进行的活动,它一定发生在社会关系框架之中。实际上,无论是作为学习活动主体的人,还是作为学习活动客体的知识或经验,以及学习活动的中介工具和环境,都具有社会性。学校作为儿童及青少年学习过程中最重要的场所,同时也是学生最先接触的社会形式,理应担当起帮助学生认识社会、融入社会、造福社会的使命,培养学生的社会能力,树立正确的价值观。

▎ 核心观点 ▎
人最根本的特性是社会性

社会是人的社会，社会的现代化发展必然对人的发展提出新的要求，社会性学习的内涵与外延也在不断拓展。社会性学习在学习形式上，涵盖所有传统学校教育体制以外的一切形式学习；在学习过程上，强调使个体与他人、与社会紧密结合。本课题将社会性与学生的学习需求结合起来，提炼出基于社会发展需要的社会性学习需求。

一、独立性学习需求的"政策语境"

教育部在《中国学生发展核心素养》中说道，社会性是人的本质属性，社会参与重在强调能处理好自我与社会的关系，养成现代公民所必须遵守和履行的道德准则和行为规范，增强社会责任感，提升创新精神和实践能力，促进个人价值实现，推动社会发展进步，发展成为有理想信念、敢于担当的人。[①]

责任担当，主要是学生在处理与社会、国家、国际等关系方面所形成的情感态度、价值取向和行为方式。具体包括社会责任、国家认同、国际理解等基本要点。

实践创新，主要是学生在日常活动、问题解决、适应挑战等方面所形成的实践能力、创新意识和行为表现。具体包括劳动意识、问题解决、技术应用等基本要点。

国际 21 世纪教育委员会向联合国教科文组织提交的报告《教育——财富蕴藏其中》中指出，在未来的社会里，教育比任何时候都更处于人和社区发展的关键位置。教育不但要承担起为全球化的世界带来和平的重任，而且要促进社会的团结和民主的参与；在经济增长中扮演重要角色的同时，不能回避其促进人的发展的根本职能。[②]

可以看出，不论是国际还是国内的教育教学政策都强调学习过程中的社会参与对于人发展的重要性。加强社会性教育，可以极大丰富自身的思想建设、提高能力水平，

① 教育部.《中国学生发展核心素养》发布[J].上海教育科研,2016(10):85—85.
② 联合国教科文组织.教育——财富蕴藏其中[M],北京:教育科学出版社,1996:4.

对实现社会主义核心价值观、伟大中国梦乃至人类命运共同体都有着积极意义。社会性学习需求必然是学生学习需求的重要方面。

二、关于社会性的研究

社会性（Sociality）是一个复杂的概念，社会性研究不但历史悠久，而且范围广泛。

在哲学领域中，对社会性的关注始于哲学家对人性或人的本质的不同见解中触及到人的社会性。亚里士多德提出"人天生是政治动物"的观点。[①] 这里的"政治"主要指城邦国家和社会共同体。奥古斯特·孔德提出实证哲学的任务是彰显人性的两种卓越的属性：一为智慧，二为社会性。[②] 马克思在《关于费尔巴哈的提纲》中对人的本质作了精辟的概括："人的本质并不是单个人所固有的抽象物，在其现实性上，它是一切社会关系的总和。"[③]因此，人有两种属性：自然属性和社会属性。自然属性是人存在的基础，是指人的肉体存在及其特征；社会属性是指在实践活动中人与人之间发生的各种关系。人的本质不是由人的自然属性决定的，而是由人的社会属性决定的。人最根本的特性是人的社会性。

在社会学语境中，对社会性及其本质的研究大体是通过"社会化"这个概念来表述的。赫德提出，人一开始就是社会性的存在，人是存在于社会之中的，人这种社会性的根源就在于人是社会的产物。[④] 法国社会学家埃米尔迪尔·凯姆认为，社会性是一种客观事实存在，因而它外在于人的意识具有客观真实性、普遍性和强制性。[⑤]

心理学对"社会性"的阐释可以从三个层面来进行理解：一是社会性是相对于个体的生物性而言的，将社会性理解为在生物性基础上形成的一切社会特性。二是社会性是相对于个体的生理、认知等心理特征而言的，强调个体在社会交往互动过程中所形成的稳定的心理特征。三是从人格发展的层面来认识社会性，强调在个体社会性发展

---

① 郝松山. 社会的人——比较亚里士多德与马克思对人的社会性的认识[J]. 前沿，2005(07)：174—176.

② 郝贵生. 对"学习"本质的哲学思考[J]. 河南科技大学学报（社会科学版），2004(03)：34—39.

③ 韩庆祥. 论马克思主义的个人社会性思想[J]. 浙江学刊，1993(02)：78—81.

④ 韩震. 略论人类社会性的内涵[J]. 青海社会科学，1988(01)：54—59.

⑤ 苏国勋. 社会学与社会建构论[J]. 国外社会科学，2002(01)：4—13.

过程中的自我形成心理发展的重要性。[①]

总之,"社会性"是人的社会属性的反映。"社会性"具有概括性强、包容性大等特征,社会性既是对人类活动所固有的各种属性,如相互依存性、交往性、合作性和道德性等的包含,不能简单地归结为某一种属性,而是对这些属性做具体的、历史的、社会的说明和提升。

三、关于社会性学习的研究

社会性学习并不是一个新事物,早在 1941 年米勒和多拉德就阐述了社会性学习的思想,并提出社会性学习的"驱力→线索→反应→酬赏"理论模型。[②] 到了 1977年,阿尔伯特·班杜拉系统阐述了社会性学习的概念、认识论基础及社会性学习理论的一般学习论观点。[③] 班杜拉从行为主义出发,在吸收人本主义心理学和认知心理学的基础上,形成了自己独特的社会学习理论,强调人的行为是外界影响和内部过程交互作用的产物,同时强调环境是决定行为的潜在因素,个体的认知因素和自我调节在学习过程中起着重要的作用,这对学习社会性思想的发展起了重要的促进作用。

在米勒和多拉德的著作中,强调模仿是社会性学习的重要模式,并认为社会性学习的本质是个人社会化的过程。班杜拉的社会性学习理论,也强调个体行为的获得,是通过观察或模仿他人的行为及其强化结果而形成的。[④] 因而,无论是米勒、多拉德还是班杜拉,都受到行为主义学派的影响,认为社会性学习是个体通过一系列社会生活方式刺激,从生物人变为社会人的过程。在这个过程中,个体通过社会交互,依循既有的社会规范(刺激),来改变自身的行为,以适应环境的需要。

总之,社会性学习在形式上,不仅包含现代意义上的社交化学习,还包括社会层面

①　戴妍. 学习的社会性研究[D]. 西安:陕西师范大学,2016.
②　郑太年. 论学习的社会性[J]. 全球教育展望,2003,32(08):35—39.
③　吴刚,黄健. 社会性学习理论渊源及发展的研究综述[J]. 远程教育杂志,2018,36(05):69—80.
④　金莺莲,裴新宁. 学习科学视域中的社会性学习:过去、现在与未来[J]. 开放教育研究,2014,20(06):81—87.

的学习（相对于学校学习）；在内涵上，它更强调认识论层面学习活动的社会性，学习的社会性不再是一种抽象现成的实体，而是一种动态生成的社会关系总和。并且，社会性学习从学习活动发生的机理上，阐述了社会文化因素对人的认知及行为的影响。

▎ 课程建构 ▎
协作完成社会性学习任务

　　每个个体都不能独立于他所处的社会而孤立生存。社会性是指为了适应集体生活、社会发展,人有意识地表现和发展出的一些特性。这些特性包括自觉性、协作性、利他性等。正是因为社会性的存在规范着我们在集体生活中的行为和价值取向,我们才明白什么是规范,让我们学会与他人建立联系并相互了解。

　　社会性是人的本质属性。社会性学习需求包含以下关键词。第一,规则意识。儿童的社会化是"使儿童将文化规范和价值标准内化,建立感情联系,并了解他人的角色和观点。"①因此,孩子能明确所处环境的规则,并愿意遵守规则,是儿童适应周围环境的基础。第二,协作能力。社会是人的社会,无论是在课堂学习或者社团活动中都避免不了与他人的交往,如何正确看待自己与他人的关系,并能通过与他人的协作去完成一些任务,解决一些问题,亦是社会性学习需求的一个方面。第三,责任意识。每个孩子都是班集体的小主人,是校园生活的重要一分子。教师要适当"分权"给孩子,让孩子在"做中学"中帮助他人,帮助集体,明白自己的责任担当。

　　请看我校支持社会性学习需求的课程框架图。

图 5-1　社会性学习需求的课程框架图

---

① 周燕. 我国学前儿童社会性发展研究中存在的问题[J]. 学前教育研究,1998(02):3—7.

南苑小学在"四度雅美"课程的课程理念下,充分考虑学生的社会性学习需求与培养。"我是小小主人翁 校园秩序我守护"课程基于人与社会的主题语境,让学生在真实的语境中,体会遵守规则和维护秩序的重要性,培养学生的责任意识。"移动的教室 学习的魅力"课程通过研学旅行侧重学生在真实的情境中体验、合作与探究的过程,培养学生的社会角色意识和担当精神。"从文字到语言表达的好途径"课程让学生在团队合作改编、创编课本剧的过程中学会沟通、协作,感受交往中语言的魅力。"拥抱沟通友谊常在"心理课程通过小剧场的演绎方式,从人际交往的角度告诉学生个体如何适应社会集体。"让学生体验不一样的教育"课程侧重构建良好的同学关系让学生明白和谐社会中人与人的相处之道。"插上英语绘本阅读翅膀 培养学生社会需求能力"课程,以绘本阅读为路径,侧重对于学生学习能力和阅读素养的综合提升。

课程创意 5-1　　插上英语绘本阅读翅膀

随着新课改的深入实施,对学生学科核心素养的培养也更加重视。这就要求教师不仅能够依照教材理论进行讲解,还需要对学生的其他素养进行培养。如学生的阅读能力、想象力、语言交际能力等。而在小学英语教学中,将绘本阅读教学引入其中,有助于培养学生的核心素养,提高学生的英语学习水平。

英语绘本阅读课程从学生的学习兴趣、生活经验和认知水平出发,倡导体验、实践、参与、合作与交流的学习方式和任务型的教学途径,发展学生的综合语言运用能力,使语言学习的过程成为学生形成积极的情感态度、主动思维和大胆实践、培养跨文化意识和形成自主学习能力的过程。以绘本阅读为路径,实现对学生学习能力和核心素养综合提升。除此之外,在小学英语绘本阅读课中,构建自主学习模式,充分贴合了学生在这一时期个性特点以及兴趣规律,能够以相对直观和灵活的绘本形式,增强学生的视觉感官体验。以创新、趣味性较强的模式,让学生对故事情节和故事框架内容进行深度把握,并在自主英语绘本阅读的学习过程中,增强学生体验学习的成就感和自豪感,进而为增强学生英语综合能力提供不竭的学习动机。在小学英语教学中,采用绘本阅读的方式,不仅能够有效提升小学生英语学习的积极性,使小学生在潜移默化中提高英语阅读素养,而且能更好地满足社会发展需要。

绘本阅读课程的教学目标：1. 激发学生的读书兴趣，养成爱读书的好习惯。2. 引导学生结合图画仔细观察，理解故事内容。3. 抓住故事中的重点词句，指导学生理解感悟。4. 在师生共读中，体会学习的快乐。

措施：1. 利用多媒体，播放绘本故事，激发学生学习兴趣。2. 找准故事中的"节点"适时提问，引导学生回答完整的句子。3. 为学生推荐相关的绘本阅读书籍，扩大学生的阅读面。4. 师生共读，简单的已学句子孩子们读，较长较难的句子老师带读。5. 学生跟着原声读，模仿语音语调。6. 绘本表演，巩固所学。

比如在教授小学英语牛津教材 5BM3U2Weather 时，采用绘本阅读的方法——图片环游的方式很好地引导学生学会阅读，达成了本课教学目标。图片环游本质上是一种分享阅读。以问题为引导，通过一系列主题图启发学生主动观察、预测和思考。在本节课中，以主人公 George 在下雨天、晴天、刮风天和下雪天的主题图进行不断地环游，反复出现，从 George 引申到学生自己，鼓励学生表达自己对这几种天气的喜好，促进学生语言能力的发展。基于图片环游的理念，灵活设计教学环节，满足学生学习的需要，使学生对于图片的美感产生视觉反应，最终达到本课时的教学效果。天气是平时会话中出现频率较高的主题，经过绘本的学习，在平时的语言运用中，学生能更好地对天气进行表达，进行社会化语言交际。

又如，在教授 3BM3U1 Shapes Period 1 Shapes 时，基于书本的教学内容，创编小猪造房子的故事，把教学内容巧妙地进行了整合，变成几个小绘本。绘本的画面感强，每一张图片后面用简单的英语进行表述，比如三角形的屋顶、正方形的窗、长方形的门，学生更乐于接受绘本故事，在语言输出环节，原本比较难的知识点，学生也能马上说出来，达到了语言输出的效果。在现实生活中，学生对于形状的表达也游刃有余，能正确表达形状的概念，进行语言输出。

小学英语绘本阅读课程是一种非常富有情趣的学习方式，也是培养小学生核心素养的有效途径。在学习过程中，教师要掌握以下几种教学方式：绘本内容要接近生活、多设置情景化绘本学习、组织小组交流学习、恰当地展开游戏模式教学，通过这样的方式让学生享受绘本故事的文化底蕴，激发学生对英语绘本阅读的兴趣。富有美感的英语绘本阅读，能进一步让学生在丰富多彩的图片中获得知识、提高能力、增强自信，让学生以最好的状态投身于英语学习中,提高英语学习能力,提升英语口语表达能力,增强英语运用能力,并能发展学生个性特长,拓展学科视野,形成良好的学习习惯,不断享受学习成功的乐趣。而在实际教学中,教师需要确保自己的教学内容与学生实际生活有关,这样更容易激发学生的生活情感;教师可以采用小组合作阅读的方式,以培养学生的团队合作精神。

英语绘本图文并茂的形式符合小学生的认知特点,选择合适的绘本并将其运用于英语阅读学习,能够促进学生认知、情感与人格的完善。因此,在平时的英语阅读教学中,可以更多地加入英语绘本阅读的成分,给学生提供更多可能。

在小学英语教学中,开展绘本阅读有助于培养学生的核心素养,激发学生对英语学习的兴趣,更进一步使学生的阅读思维能力得到提升。学生能在阅读的过程中,巩固已有的知识,扩展新的知识,并且从绘本故事中体会到乐趣、道理,快乐成长。

(上海市嘉定区南苑小学　瞿珍)

课程创意 5-2　　移动的教室　学习的魅力

人具有社会属性,如果满足了社会发展的需要,将会成为一个如鱼得水的社会人。社会性学习需求指与人的社会生活所联系的一些需要,如对劳动、交往、奉献的需要等。儿童社会性发展的过程就是儿童融入群体与环境中的不断社会化的过程,儿童有着迫切的社会性学习需求。

研学旅行是学生满足社会性学习需求的重要途径,是对"读万卷书,行万里路"的最好诠释。它是学生融入社会有组织的集体性、探究性、实践性、综合性活动,是进行集体主义教育、生活教育、行为习惯养成教育的有效载体,可以帮助学生学会生存生活,学会做人做事,促进形成正确的世界观、人生观、价值观。它带学生走出家庭、学校、课堂的封闭圈,在真实的情境之中体验、合作、探究,真正形成适应未来社会发展的必备品格和关键能力。

研学是什么? 那就是——

推开一扇窗,我们看到世界的多彩

走上一段路,我们感受文化的精彩

我们所不知道的未知很多

所以我们需要去尝试、去体验

用脚步丈量梦想

用坚持点亮希望

研学的魅力

在于

探索学习究竟是怎么样的……

春水生、春林盛,凤凰花开,象脚鼓响。"我们在春天相约"嘉定区南苑小学学生赴云南德宏芒市一小研学活动正式启动,南苑小学二至四年级共八名学生参与到了研学活动之中。

从中国的东端横跨至中国的西端,移动的教室带给了学生前所未有的新奇和独立自主的实践,他们来到芒市一小,与结对小伙伴一起学习,一起生活,一起娱乐,一起劳动,体会山区学生生活的艰难和学习的刻苦,感受节日的欢快和文化的多元。

我们设计了《"雅见初心　相宜至美"2018"我们在春天相约"嘉定区南苑小学学生赴云南德宏芒市一小研学手册》,记录研学日志,留下研学痕迹,感悟研学心路。研学手册由三大板块组成:一是学生状态指数,包含健康指数、睡眠指数、幸福指数、成长指数;二是学生撰写日志,"今天,我去了……完成了……任务。我的所见所闻、所思所想:……";三是展示活动照片,要求影像清晰,主题突出,醒目美观。在整个研学活动过程中,学生把每一天的点滴收获记录在研学手册中,在自己的生命长河中留下了美好而难忘的一笔。当我们翻开一本本研学手册,看见了一幕幕令人难忘的画面:手语操《让世界因我而美丽》的风采展示,牵手伙伴家庭的热情接待,傣族泼水节的狂欢湿身,课堂学生的数量众多,民族服装的新奇瑰丽,授课教师的耐心辅导,饮食文化的丰富多元,采摘桑葚的丰衣足食,扶贫助学的捐赠仪式,百年菩提的膜拜信仰……在为期一周的时间里,他们同吃同住同玩同学,感受到了牵手小伙伴及其家庭成员的温暖和帮助,学会了独立与人交往的相处方式,尝试了理解尊重、入乡随俗的行为习惯,体验了边疆少数民族的文化风情。在一张张照片中,在一个个文字中,在一个个指数中,学生的社会性学习需求得到释放和满足,通过视觉、触觉、听觉、语言、行为方式的改变,学生更加深刻地了解社会、认识社会,感受社会的进步与发展,增强了社会责任感。

我们开展了研学活动评价调研。在策划研学活动的整个过程中,我们一直在思考:研学的目的是什么? 这次的研学活动能为以后的活动设计提供怎样的改进措施?研学活动能给不同的学生个体带来怎样的成长体验? 问题的答案只能来自于学生,因此,我们设计开放性问题来调研参加研学的学生,希望能从他们亲身经历中反馈我们研学的价值所在。

问题设计:1.此次活动中我最感兴趣的活动是什么,为什么? 2.说说令我最难忘的人或事? 3.独立思考独立完成的事是什么? 4.我给学校研学活动提一计?

在建议中,值得一提的是,学生提到希望参与的学生数量能多一些,研学时间能长一些,希望能有一些友谊赛。听取学生的想法后,我们认识到需要提升研学活动中个体与群体关系间的黏性度、活跃度。我们会在以后的工作中不断去完善,去提高研学活动的品质,让移动的教室给更多的学生带去丰富的身心体验,在学习的旅途中尽情展示自身的魅力。

正如所期望的那样,赴云南芒市一小的学生研学活动,我们从学生甜美的笑脸上,欢快的笑声中,温暖的话语中,如飞的步伐中,真切感受到孩子的变化。眼界的开阔,经历的丰富,心灵的洗濯,成为今后推动学生社会性学习发展的强大内部动力。

社会性学习需求,强调在社会学习过程中人的行为、认知和环境三者的交互作用。对于学生身体而言,这种需求是社会和教育对学生学习的客观要求在学生言行中的真实反映,通过学习的意向、愿望或兴趣等外在形式,对学习起着推动作用。对于学生心理而言,社会性学习需求的实现能加深对学习必要性的认识及信念,形成学习兴趣或习惯等。

研学旅行体现了素质教育的核心,让学生拿出勇气去尝试问路,吃从来没见过的食物,看从来没看过的景色,做从来没做过的事情。学生在社会性学习需求支持下,有了独立自主的机会,尽最大努力去沟通实践探索,在最短时间追寻最大程度的自由,他们待人接物、自我管理、团队协作、问题解决等核心素养得到了体现和提升,培养了角色意识和担当精神,这是弥足珍贵的财富。

(上海市嘉定区南苑小学　樊红芳)

课程创意 5 - 3　　让学生体验不一样的教育

"我家儿子今天带回来一张奖状""我家孩子昨天带回来一个奖品""我家儿子今天回来说被老师表扬"……这种话语是不是很熟悉？从我从师范毕业，到现在即将退休，看到的变化是表扬、鼓励、肯定多了，惩罚少了、批评少了。然而这些仅仅是量上的改变，没有真正带来学生心灵的健康成长，反而让学生走上厌学、拒学，甚至自杀的道路。

现在的学生到底需要怎样的教育？

校园里的怪事

在我不远的记忆里，曾经有一个班级，刚毕业不到两年，他们现在应该在读七年级。当时他们是五年级，我教他们心理健康。在课上，有一个学生说在放暑假期间都想着能够每天来上学。其他学生听了都张大了嘴巴，我问他们为什么。他们说，我们都不想上学，为什么他那么想上学。原来，这个同学整个暑假期间，家里所有的娱乐统统取消，切断所有与外在的联系渠道，他被锁在家里，只剩下他的课本和一堆作业。当他讲到这里的时候，同学们才恍然大悟，能够理解他为什么那么渴望来上学了。

男生小明在二年级时撕坏了女生小茜的衣服，处理结果是小明必须赔小茜一件衣服。第二天起，小茜一下课就堵着小明，问为什么不赔衣服，本来说话有点结巴的小明更加说不出话。

更要命的一次，领导来听我的课，这个班级平时不大专心，当领导来到教室时，全班同学都非常端正地坐好，课上的提问积极举手回答，因为领导临时有事，打了个招呼离开后，教室里一下子开始躁动，比原来不大专心的情况更甚。

有时候，一个问题在讨论的过程中会有两种声音，"是"或"不是"。一些同学说一下"是"或者"不是"，就停下来，但是，也有人数不少的学生会持续地喊着"是"，还有另一边的学生不停地喊着"不是"，他们看上去很开心，好像在做着一个游戏。一个问题，成了一些学生争相对垒的游戏，他们兴奋得停不下来。许久，大概喊够了，声音渐渐小了，没了。这时候我说有些同学说了一次就停了，有同学在不停地喊。不停喊的同学站起来。有的学生自己站起来，有的学生是被同伴检举后站起来。这时候好戏来了，有一位学生，他被同学多次提醒，他就是不肯站，他大声地喊："我没有"，愤怒地把自己的衣服扔地上,把自己的书包扔地上,把水杯扔地上……因为或许在他的心里,他没有错。

不一样的体验

(一)真心说出你的愿望

一次课堂上,有个女生反映后面的同学讲话影响到她。我问她需要我帮她做什么,她很好奇地看着我,一脸的懵。我问她希望后面同学怎么做,她却说她已经讲过很多次了,他不听的,她说的话没有用。听她话里的意思好像觉得老师说的话有用。我就问其他同学,其他老师跟他讲过吗?同学们说,讲过,但他也不听。我建议女生现在再跟他讲一下,告诉他你现在想好好学习,但是他的讲话会影响到你的学习,你会觉得很苦恼,希望他安静。女生很不情愿地对男生讲了一遍,换来的却是男生的点头答应。

这种情况也不是总会发生,有的女孩举手说同桌影响她,但请她把自己的诉求告诉同桌的时候,她又不想说。我就会提醒女生,你不想说出你的诉求,没有关系,但是你可以在课后想一想不说的想法和心情是什么。

(二)你永远是一个很棒的人

要让学生明白不管发生什么事,他们永远是很棒的人。一开始学生都不明白这个道理,因为他们觉得只有表现好,学习成绩好,获得荣誉,才是很棒的人。这个认识没有不对,只是非常片面。一个全面的认知是"不管发生了什么,每一个学生永远是很棒的人"。这句话对增强学生的自信、自我价值感起到了巨大的作用,它将推动学生追逐自己的人生梦想,为实现自己的理想而努力终身。

课上,学生小玲正在拿着铅笔在课桌上写字,等我走过去,她立刻放下笔坐端正,看着我。我告诉全班学生说我要做一件事。我对小玲说:"你在课桌上写字这件事把我吸引到你这里。我想告诉你,你永远是一个很棒的人。学校的课桌要爱护,不能在上面写,写下的字要擦干净。老师建议你和大家一起专心上课,你愿意吗?"小玲点点头。

(三)你们永远是被支持的

前面已经提到过小明和小茜的故事,我问了一下具体情况,发现事情不是那么简单,于是,我约了双方家长在放学后到学校聊聊这件事。他们非常配合,说很愿意来处理，因为毕竟关系到赔衣服，关系到家庭嘛。

我分别让小明和小茜说了事情的经过，并在事情的发展过程中，让他们说说自己的想法、感受。在整个过程中，对两个学生来说，他们所有的想法都得到了支持，所有的行为也都被给予了理解，矛盾和情绪在倾听、理解、接纳和同理的过程中逐渐化解，家长在观摩整个处理的过程中都感觉到了特别的处理方式带来的不一样的效果。小茜的家长最后感慨地说："家庭教育方式的不当给女儿带来了同学相处的矛盾和困扰，我以后要注意。"小明的家长也说："感谢老师细心周全的处理过程，还他儿子一个轻松和自信。"

结果就在过程中

我发现有的学生在做作业的时候字迹非常潦草，也完全不写在线上。我想如果是我，当时心情一定很糟糕，那么糟糕的心情为什么还要写？因为恐惧，怕被老师批评不做作业，怕告诉家长被家长打骂一顿。今天，很庆幸的是，我是他们的老师，心情很糟糕，可以不写，问问自己怎么了，发生了什么事，需不需要老师帮忙，等心情缓过来了再做也不迟，因为学习和成长是长久的事情。学生或许可以在坏心情下学习，可以在恐惧中学习，在短时间内取得很棒的成绩，但这样的学习没法长久，因为糟糕的心情一再压抑，恐惧、无助、伤心、委屈逐渐累积，一定会扭曲变形，总会进入垮掉的那一天。

然而，那一天很少很少出现在小学……

当然，即使那一天出现了，我依然可以对学生说："孩子，我们可以重来，你永远有希望，你美好的未来在等着你……"

此刻，或在课堂上，或在校园中，我会开心地接纳他们，因为我对他们永远满怀希望。

这是一份爱的教育，是专门对那些陷入苦恼、遭遇困难、深感委屈、愤怒不平及学习遇到压力的孩子量身定做的一套爱的教育，它不仅包含了关怀、而且包含了倾听、同理和无条件的支持与接纳，更是帮助学生挖掘他们内在心灵美好的向往。同时，对于少数品学兼优、蒸蒸日上、性格阳光的学生来说，也打开了一个全新的教育视野，或许某一天他们也遇到了各种各样的烦恼的时候，他们也会尝试这不一样的教育方式。

（上海市嘉定区南苑小学　丁梅英）

课程创意 5-4　　拥抱沟通友谊常在

学校是小朋友们每天生活时间最长的地方，在学校里学习、玩乐、交流、成长等。每天，小朋友们都会在学校里遇到各种各样的事，寻求帮助、发生矛盾、分享快乐、交新朋友等等，这就像是一个小型的社会。小学生的大脑正处于飞速发育时期，他们对自身需要的满足也逐渐由低级转向高级发展，其中同伴交往的需求就成为小学生最基本的社会性需求。

在与同伴的互动过程中，愉快是小朋友们最常体验到的感受，但是偶尔的摩擦、误会、沟通交流或处理问题方式的不当，使小朋友们的友谊有了些动摇。如何保持良好的友谊？如何在发生矛盾时正确处理、解决问题？小朋友们会悄悄模仿大人的处理方式，会寻求他人帮助介入，但更多时候需要小朋友自己去面对解决。那如何处理得更好，如何面对生气的自己与他人，如何拥抱友谊，成为了小朋友们最重要的社会性学习需求。

三年级的小朋友由于情绪不稳定、生活经验不足、自我意识开始逐渐形成等心理发展特点，他们容易变得冲动，把自己的情绪表露在外，对自我有一定的评价但认识不足。在与同伴之间发生摩擦时更会选择自己解决而不再像低年级那样寻求帮助，这就使得小朋友们之间的友谊经常会出现小裂痕。针对这一特点，如何寓教于乐地让小朋友们学会修补友谊，拥抱同伴，变得重要起来。

在上三年级心理课《伙伴碰碰车》时，教师先由一个邻里矛盾的小笑话引入，听听学生们处于第三方的角色对于误会分歧产生时有什么看法。再以小剧场的方式让学生们演一演校门口的小摩擦，讨论分析怎样做可以避免这些误会。教师和学生一起总结经验，寻找归纳好办法，并说一说"我的小故事"，澄清故事说明缘由，在班上与自己的小伙伴消除误会，巩固友谊。

以《伙伴碰碰车》片段为例。

课前小笑话导入：

小明：新搬来的邻居好可恶，昨天晚上三更半夜、夜深人静之时突然跑来猛按我家的门铃。

小乐:的确可恶!你有没有马上报警?

小明:那当然了!挂了电话,我继续吹我的小喇叭。

听了小笑话,你有什么想说的吗?小朋友们七嘴八舌:小明自己都做错了,还先告状,在别人"无缘无故"说自己时应该先想想自己哪里做得不对……

在热身小笑话后,为了创设更真实的情境让小朋友们投入其中,教师设计了情景活动小剧场演一演,通过简单的道具、熟悉的场景,发挥小朋友们爱表现的特点,让小朋友们身临其境地感受误会的产生:

小力:小欣你可来了,快把红领巾借给我吧?(此时小力在校门口等着小欣)

小欣:红领巾?

小力:哎呀!我昨天晚上不是打电话跟你说我的红领巾忘在外婆家了,你答应把那条备用的红领巾借我戴一下的?

小欣:电话,昨天晚上?哎呀!我那时已经睡得迷迷糊糊了,还以为是我做的一个梦呢!

小力:什么?昨天电话里不是说得好好的嘛!要不是你答应我,我昨晚就让爸爸去拿了。你故意要让执勤的抓住我扣分,好让班主任批评我,看我出洋相!

小欣:没有啊……

在故事表演完时,许多小朋友都找到了问题所在:小力的脾气不够好,容易生气;小欣忘记做已经答应小力的事情是不对的;小力对小欣的错误进行了不正确的评价,把小欣想得太坏了,小欣耐心解释了但是小力没有认真听……

牙齿有时还会碰到舌头,同学和朋友之间也难免会有些矛盾,那有矛盾时我们该怎么办呢?

教师与小朋友们一起讨论,听听他们平时自己处理突发事件时的方法,耐心解释、寻求谅解、想办法解决现在的问题、想想自己有没有不对、稳定自己的情绪、主动大方地伸出手拥抱和解等等。

遇到矛盾别犯愁。与其用争吵来损伤友谊,不如找方法来弥补裂痕。

小朋友用学习到的新方法,时光倒流,重新演一演小力和小欣的故事。小朋友们演得生动形象,把理论转换为实践,在实践中又进一步巩固了所学的知识。

而后,教师鼓励小朋友在课上大胆地说出与同学的误会,互相拥抱,写下对朋友的寄语。课程的最后,全班的小朋友都起立去拥抱小伙伴们,身体的接触能最快速最好地化解矛盾。

在课程的最后气氛到达了高潮,小朋友们脸上挂满了笑容,拥抱教室里的每一个人,此刻他们放下了对每个人不好的评价,让同伴之间的友谊得到了升华。

这就是小学生们简单而又有些许复杂的社会性学习需求,小小的学习与实践能让小朋友们在学校这个小社会中获得友谊、快乐、陪伴,在自我成长的过程中互相加油鼓劲。在社会性学习中,更多强调的是个体适应社会集体,在遇到矛盾摩擦时先做出小小让步,珍惜与同伴的每一份友谊,在自我意识的建立过程中让小朋友们知道如何去判断才是重要的,形成良好的社会性道德,这是成长中非常重要的一步!

(上海市嘉定区南苑小学　尤译)

课程创意5-5　　从文字到语言表达的好途径

余秋雨先生曾说:"教育戏剧让孩子们在真实的语言交流场景中以戏剧角色的身份去表达交流,尤其符合儿童学习发展的需要。"课本剧作为根据教材文章改编为故事,再进行表演的一种教学形式,能够有效地突破语言规范,创设更自由的语言交流场景,能够加深学生对文章内容的理解、体会故事蕴含的情感、树立正确的"三观"、激发学生表演欲望、提升学生口语表达能力。

口语表达能力是学生必备的一种素养,学生的社会性发展会受到口语表达能力的深远影响,与书面语不同的是,口语更加偏重面对面的口语化语言交流,能有效地提升学生的语言组织能力和逻辑思维能力,发挥出语言的交流价值;口语表达能力是一种自信的表现,因为有自信,学生才愿意讲话、敢于讲话、敢于表达思想、能清晰地表达思想;口语表达能力是未来竞争的一项法宝,良好的人际的沟通能力和表达能力能使学生更好地适应未来社会。

想要提升学生口语表达能力,就需要教师为学生提供口语表达的环境和机会,在实践中锻炼、提升学生的口语表达能力。作为语文课文的课本剧,能够有效地锻炼学生的语言表达能力。在确定演出课文后,教师对原有的文本信息进行分析整合,其次在对故事背景、人物语言、动作的反复琢磨下,通过上下文理解、体会具体情境下的人物心理并进行分析,使学生对文本有深刻的印象,那些抽象的人物也慢慢在头脑中形象、立体起来,这个时候再鼓励学生进行创编,能使效果最大化。把叙述性语言转编为人物的对话以及人物语言、神态、动作的补白等,更是承担了口语表达能力的训练任务。

例如,在编排五年级语文上册第二单元第六课《将相和》时,先让学生自由朗读课文,引导学生抓住关键词句分析人物性格,先按照原文进行简单的人物对话读演,由学生从朗读上讨论人物在具体情境下的心理,明白蔺相如的机智果断、秦王的阴险狡诈以及廉颇的内心变化。之后,学生再在原文学习的基础上,对文本进行二次创编,加入动作、神态,对白,以及服装、道具,舞台走位等等效果,形成一个完整的课本剧。

以《将相和》片段为例。

时间:战国时期

地点:赵国大殿

人物:赵王、赵国大臣、蔺相如

赵王:诸位爱卿,本想着得了"和氏璧"是美事一桩,哪知秦王一封书信让它变成了"烫手山芋"。这秦王名声在外,他说愿意拿十五座城池换和氏璧,不知诸位爱卿有何对策啊?

大臣甲:大王,切不可听信这秦王的话,他向来贪得无厌,狡诈成性。他说拿十五座城池换"和氏璧",怕是个阴谋。到时候璧到了他的手,就晚了!

大臣乙:大王,以微臣之见,还是答应了秦王为好。万一惹怒了他,他以此为由借机出兵攻打我国就大事不妙了。

赵王(面露愁色):答应不是,不答应也不是,这可如何是好啊!

大臣丙:大王,微臣有一人举荐。

赵王(大喜):爱卿快讲!

大臣丙:此人名叫蔺相如,勇敢机智,或许他能解决这个问题。

赵王:快将此人宣来!

蔺相如进殿拜见赵王。

赵王:相信蔺先生已听闻今日宣你上殿是为何事了,寡人听闻蔺先生足智多谋,不知先生可有对策?

蔺相如(低头沉思了一会儿):我愿意带着和氏璧到秦国去。如果秦王真的拿十五座城来换,我就把璧交给他;如果他不肯交出十五座城,我一定把璧送回来。那时候秦国理屈,就没有出兵的理由。

赵王和大臣们面面相觑,也实在是没有别的办法。

赵王:好! 就依先生所言,寡人派人保护先生前往秦国。

这个课本剧的改编已经遵照剧本的格式进行了规范的创编,不仅有课本中人物语言的叙述转换,还有人物对话的补白编写。舞台提示从环境、神态等方面做了补充。

在表演结束后,教师可以让活动主持人充当记者的角色,采访每位小演员,说说自己对角色的理解,为什么采用这样的表演方式等。在互动的过程中,学生联系剧本谈自己的认识,不仅又一次揣摩了人物的心理,也是一次加强语言表达能力的机会,双线并进。其余学生在表演结束后还要充当观众的角色,在观看完表演后对剧本、演员进行点评。教师可以在评价的过程中给一些提示,如:本次表演的闪光点在哪? 剧本的编排哪里可以改编得更好? 演员演技哪些地方还有不足等。学生在评价中汲取经验,正视不足,侧面加深了对文本的理解。语文的学习不应该是一板一眼的,创编丰富了阅读教学的形式,激发了学生对于情景表演的兴趣和热情,使语言文字在课堂上得到了极大的运用。学生经历了从文本到肢体表达、语言表达的过程,经历了由内在理解到外在表达相互促进的过程,最终达到提高语言表达能力的目标。

课本剧创编的过程是学生自主合作探究的过程,学生在创编过程中对于角色的理解不仅基于文本内容,又在此基础上又融入了个性化的标签,还在团队合作讨论的过程中加强了角色塑造,这对于学生根据自身能力和喜好选择角色有了非常大的帮助。选角完成后,学生就可以根据创编剧本进行合作排演。这个过程其实是一个社会性人际关系具体交往的过程,表现在强化团队合作和人际沟通上。分工时,"演员们"各自揣摩角色性格,在对词、动作表演、神态变化、出入场等各种细节处细抠,这个过程其实又是对文本和人物进行了一次深度剖析。而服装、道具等的制作和收集也能让这个剧目更加情境化,激发学生的主动性和排演兴趣。反复的排演不仅强化学生的口语表达能力,更是提升了语言感悟能力。

(上海市嘉定区南苑小学　朱陈晨)

课程创意 5-6　我是小小主人翁,校园秩序我守护
——以"Signs in the school"为例

社会参与作为学生核心素养的基本面之一,要求学生能处理好自我与社会的关系。当代教育不仅要培养合格的社会公民,更要培养优秀的社会公民。核心素养的教育目标不单是教书更要育人,因而教师在课堂中也要重视发展学生的社会性。

对小学生来说,学校就是一个小小的社会。"无规矩无以成方圆。"任何一个社会群体都有它的行为规范和价值取向,是每个社会成员都必须遵守的。如果遵守校园规则是成为一名合格小学生的标准,那我们教师应该如何去培养合格之上——优秀的小学生呢? 我想,拥有"小主人翁"精神主动地去维护校园秩序应是成为一名优秀小学生的评判标准之一。

在英语学科的三大主题语境里,其中之一便是"人与社会"。我基于这一主题语境,结合"Signs"(标识)这一单元,以"Signs in the school"(校园规则)为话题设计教学案例。在具体教学环节中,通过情景推进让学生跟随 Kitty 和 Danny 去值日,以旁观者视角→Kitty 和 Danny 体验者视角→设计标识的实践者视角,从而引导学生主动维护校园秩序,培养"小主人翁"精神,发展学生社会性。

在课程伊始,我先通过搜集校园常见标识提问"They are signs in our campus. Look at the sign. What does it mean?"(这些是我们校园中的标识,你知道他们的含义吗?)激活学生已有知识,在回忆这些标识意义的同时初步感知"Signs are rules."(标识即是规则。)

在课中,为了进一步培养学生的规则意识,初步树立"小主人翁"意识,我创设了

Kitty 和 Danny,担任校园一日值日生的过程中,发现一年级新生的种种不文明行为,并进行劝阻和告知这一贴近生活实际的真实语境。

情景一:Kitty 和 Danny 在检查走廊时发现,有两个一年级男生正在追逐打闹。这时候两个值日生会怎么做呢?

教师先让学生视听这一情景的内容,并提问:"What are the boys doing?"(这两个一年级的新生在做什么呀?)"Can they do that? Why?"(他们能这么做吗? 为什么?)。从旁观者的角度,学生能明确判断出这种行为是不好的,是危险的,那么两位值日生又是怎么做的呢? 教师让学生根据录音模仿朗读值日生和两个男孩的对话。从值日生和男孩们的语气变化中初步体会遵守规则的重要性。

情景二:Kitty 和 Danny 听到一(5)班的教室里满是嘈杂声。这时候该怎么做呢?

学生们通过视听发现这个班级有三个不文明现象:大声喧哗、打架和吃零食。教师接着展示了满是文字的校规章制度,并提问:"Are they easy for Grade One students to remember?"(一年级的学生还不熟悉学校的各项制度,但这些文字写成的规则对他们来说易于记忆吗?)通过头脑风暴,学生发现针对低年级的学生,我们高年级的哥哥姐姐们可以通过在教室张贴简单易懂的标识,让他们学习学校规则。在对标识的识别和甄选后,学生们为这个班级选择了适合他们班级的标识进行张贴。在这一过程中,学生不仅输出了语言,他们的思维也被调动了起来,在群策群力中主动参与到了课堂活动中。

之后,教师请学生选择一个不文明现象,借助一定的语言支架,通过角色扮演感受遵守规则的重要性,并在进一步深化规则意识的同时,初步培养学生的责任意识。

情景三:Kitty 和 Danny 来到学校图书室发现有同学在嬉笑打闹,如果你是他们,你会怎么做呢?

这时教师只留下部分语言支架,让学生自己发挥想象,并和同伴一起来演一演。这个情景的设计意义在于图书室特殊性:制止他人不文明行为的同时,自己也要注意保持安静。所以学生在表演时,要特别演出轻手轻脚的感觉,同时在言语提醒的时候要注意音量,要轻声地提醒对方。而表演违反规则的学生,也要在被提醒之后,改用较轻的音量进行回答,以示对规则的明了。如果在没有教师提醒的情况下,表演的学生都注意到了这些,说明学生已较好地树立起了规则意识,并能用来律己和规范他人。

情景四:请为学校新建的花园选择或设计标识,并说一说理由。

经过以上三个情景的活动体验,学生已经初步建立了良好的规则意识,那么如何进一步培养学生的"小主人翁"意识呢?通过为特定的场所设计合适的标识这一活动,发挥学生的主观能动性,让学生体会规则也可以自己定义,而自己订立的规则应由自己来遵守和守护。

课后,教师布置实践性作业,让学生去发现校园中的不文明现象,尝试用所学的语言为自己学校的某一个场所,设计适宜的标识两项作业,将课堂延续到学生的真实校园生活。让学生在实践中感悟自己是学校的小主人,校园秩序需要每位学生的守护。

为了发展学生的社会性,真实的场景创设和丰富的教学活动能让学习者的语言更社会化、实用化。同时,学生素养的形成也并不能仅依托于课堂教学,教师要时刻以学生为本,设计以学生为主体的参与性教学活动,并在活动中利用好学生已有的生活经验,不断激发学生去思考,从思维、情感、学习能力等方面培养学生的核心素养,最终帮助学生成为当代优秀的社会公民。

（上海市嘉定区南苑小学　汤晓雯）

| 问卷设计 |
建立良好的社会关系结构

　　社会参与作为教育部颁布的我国学生六种核心素养的其中之一,需要教师在课程研究与实施的过程中设计满足学生社会性学习需求的教学内容,在此基础上合理优化和创新设计有效的教学活动和教学过程,逐步引导学生独立地掌握社会(学校)规范,正确处理人际关系,并具备责任担当,从而促进个人价值的实现,发展学生的核心素养。基于以上出发点,本课题组结合本校教师队伍实际,设计以下教师问卷:

　　尊敬的老师:

　　　你好!

　　本次问卷调查是为了在我们学校开展关于《"核心素养＋学习需求"为导向的学校课程深度变革研究》这一课题的研究,请老师们积极配合这一课题的研究。感谢您的参与!

　　1. 您认为发展孩子的社会性重要吗?(　　)

　　A. 非常重要　B. 不重要　C. 不了解

　　2. 您是否在日常教学中注意渗透社会教育?(　　　)

　　A. 是　B. 否

　　3. 您能否做到在日常生活中注意自己的言行举止,为孩子树立良好榜样?(　　　)

　　A. 完全可以　B. 比较可以　C. 不可以

　　4. 您通过哪些方式引导孩子进行社会性的发展?(　　　)

　　A. 榜样力量　B. 家校联系　C. 课程中融入社会性活动

　　D. 奖惩机制　E. 其他_____

　　5. 您认为教师在发展孩子的社会性中的角色是(　　　)

　　A. 权威者　B. 旁观者　C. 指导者　D. 支持者　E. 其他_____

6. 您想从哪些途径获得培养孩子社会性的策略?

A. 图书 B. 视频 C. 文献 D. 社会实践

E. 其他:_____

7. 关于指导学生进行社会性学习,您有哪些合理化建议呢?

_____

示例:

① 掌握儿童发展规律和特点,正确观察与分析活动中的学生的言行,并及时介入。

② 可在课堂中加入社会性游戏、社会性绘本阅读、角色扮演等活动形式。

③ 加强家校沟通,及时反馈学生的交往情况。

社会性发展对于人的发展至关重要。社会性学习需求必然是学生全面发展、提升核心素养的重要组成部分,体现了个体发展需要与社会发展需要的统一。为了更切实地了解学生真实的社会性学习现状,同时更全面地了解学生对社会性学习的真实需求,本课题组结合本校课程体系,设计以下学生问卷:

亲爱的同学:

你好!

这是一份有关你们自己的调查问卷,你的意见相当宝贵,请如实填写,谢谢参与!

性别( ) 年龄( ) 年级( )

1. 我知道学校里的各项常规和纪律。( )

A. 完全符合 B. 比较符合 C. 基本符合 D. 不太符合

E. 不符合

2. 我能遵守学校里的各项规章和纪律。(　　)

A. 完全符合　B. 比较符合　C. 基本符合　D. 不太符合

E. 不符合

3. 我喜欢和同伴一起参与课堂学习和社团活动。(　　)

A. 完全符合　B. 比较符合　C. 基本符合　D. 不太符合

E. 不符合

4. 我能站在别人的角度看问题并修正自己的意见。(　　)

A. 完全符合　B. 比较符合　C. 基本符合　D. 不太符合

E. 不符合

5. 我在集体或团队合作中有自己担任的职务,也明确自己的责任。

(　　)

A. 完全符合　B. 比较符合　C. 基本符合　D. 不太符合

E. 不符合

6. 听故事或角色扮演时能理解人物的处境和心情。(　　)

A. 完全符合　B. 比较符合　C. 基本符合　D. 不太符合

E. 不符合

7. 我认为以下校本课程有助于提高我的社会参与度。(　　)

A. 体育竞技类　B. 艺术欣赏类　C. 智力竞赛类　D. 表演类

E. 其他:常规的课堂学习

8. 我对学校的校本课程有以下意见和建议:

_____

示例:

① 希望课程中多一些团体合作的任务。

② 希望在学习活动中能展现我的个人能力。

③ 当不能融入小组活动时我希望能得到老师或同伴的帮助。

▍调查报告▍
多元化发展适应社会生活

一、调查背景

学习需求源于学习目的与学习动机。学习需求分析是以学习者为对象，用科学的方法收集信息，了解其在学习上的缺失或不平衡，并寻求满足其学习需求的对策的过程。学习需求分析也可以以教学开展者为对象，有利于教学目的、教学环节、教学评价等的设计、实践与反思。总之，学习需求分析是学校课程设计开发中一个不可或缺的重要环节，也是课程设计开发的重要依据。

社会性学习是个体通过观察、模仿、争论、反思等多种方式，与其他成员进行互动、协作和对话的过程，并最终实现自我发展和自我超越。尽管通过沙龙、聚会、阅读、运动等社会性学习途径获取知识及技能，已经成为人们生活的一部分，但在急剧变化的时代，社会性学习的内涵与外延也在不断拓展，人们对这种学习所蕴含的机理与机制，都尚处在探索阶段。为此，从多个角度对社会性学习的核心理念理论渊源、研究重点以及发展嬗变进行详细梳理，对全面理解社会性学习的本质及内涵将大有裨益。

为了了解南苑小学学校课程开发和实施过程中对学生社会性学习需求的实际情况以及教师如何通过教学有效致力于学生素养的提升，本课题组进行了此次调查。

二、调查对象与方法

1. 调查对象

2020 年 10 月，运用问卷的形式对南苑小学全体学生和教师分别进行调查。

2. 调查方法

本次调查以匿名问卷的方式收集到一定数量真实可靠的原始数据，借用问卷星平台对我校在校学生及教师进行调研并形成数据。

三、调查结果与分析

本次调查共发出问卷 1 079 份，其中学生问卷 990 份，教师问卷 89 份。回收学生问卷 990 份，其中有效问卷 967 份；回收教师问卷 89 份，其中有效问卷 89 份。我们得出如下调查结果：

1. 对学校校纪校规遵守度高

在学生问卷中，96％的学生对学校的各项规章和纪律有一定了解，4％的学生对校纪校规不太了解，可见学生对自己的行为对错能做一个明确的判断。而 97％的学生表示自己能遵守学校里的各项规章和纪律，只有 3％的人不能遵守，也说明了学生对自己有行为约束力。从教师问卷中可以知道，近乎所有的教师都能在日常生活中通过自己的言行举止为孩子树立良好榜样，这体现了教师在社会性上对学生培养的重视。

2. 社会性学习需求的课程参与度高

在学生问卷中，98％的学生喜欢和同伴一起参与课堂学习和社团活动，仅有 2％的学生不喜欢。学生认为学校的课程有助于提高他们的社会参与度，从结果分析，课程从高到低依次为：表演类课程、体育竞技类课程、艺术欣赏类课程、智力竞赛类课程，有 3％的学生认为常规的课堂学习也有助于提高社会参与度。这说明社会性学习需求普遍存在各个课程，也间接说明其重要性。在教师问卷中，教师通过多种方式引导学生进行社会性学习的发展，高达 36％的教师选择在课程中融入社会性活动，榜样力量和奖惩机制分别有 29％和 20％，另外 15％的老师认为家校联系也能培养社会性学习需求。不难看出，学生只要身处校园，就时时刻刻在进行着社会性学习。

3. 社会性学习的重要性及对其学习能力的认识度高

在学生问卷中，自己能站在别人的角度看问题并修整自己意见的人数高达 98％，仅有 2％无法做到。近乎所有学生在听故事或角色扮演时能理解人物的处境和心情；这体现出学生人际交互上能做到相互理解，也是社会性学习的特征。而在集体或团队合作中学生都表示自己有担任的职务，也明确自己的责任，这也反映了社会性学习培养了学生的责任意识。而教师们对发展学生社会性的重要性也是十分认可的，绝大多数教师在日常教学中也会注意渗透社会教育，他们认为自己在发展孩子社会性中多数扮演指导者和支持者，一小部分则认为是权威者和旁观者。其实不难看出教师在学生的培养中起到的关键性作用，其社会性学习多数是由教师组织进行，再由学生之间进行个体间的互动。在调查到从哪些途径获得培养学生社会性的策略时，多数教师选择了视频资料，而图书资料和文献也是教师乐于接受的，同时部分教师提出了社会实践和观摩课堂实践也是有效途径，体现了教师对社会性的重视。

四、社会性学习的特征

学习是一项认知与实践相统一的社会活动，离不开主体、客体、情境及工具等学习要素间的相互协作，社会性学习的基本特征即体现在这些要素之中。

（一）互动性

互动性是基于学习主体而言，无论是早期班杜拉的社会性学习，还是近年来建立在社交媒体基础上的社会性学习，都强调学习不仅是发生于个体内部的知觉、记忆、思维及认知的过程，也是通过社会实践获取身份与社会地位的过程。人类的知识源于社会行为，学生则源于学校，学习本质上就是一个社会活动过程，因而"互动性"就成为社会性学习的一个重要特征。具体体现在两方面：

一是学生与他人之间互动，表现为不同学生之间的交流与对话，以实现不同观点、思想及情绪之间的碰撞并达成共识的过程。宾汉姆和康纳在谈到人际互动对学习的意义时，认为通过人际互动学习比课堂学习更有效，原因不在于学习内容的差异，而在于人际互动会唤醒学习者记忆中的某些东西或情绪，从而给人留下深刻印象和记忆。人的本质是一切社会关系的总和，而学习就是让人际关系得以优化。二是学生与自身的互动，也就是学生实践性反思的过程，通过反思，学生不断完善自我并形成独特个性。

（二）文化性

文化性是基于学习情境而言的，学习总是浸润在特定的文化情境脉络中，而文化又具有社会性,是经过历史沉淀下来的人类共同拥有的价值观、社会规范及行为模式。首先,人类社会是一个文化的社会,生活在社会中,人的一切行为活动都具有文化的性质及内涵,学习活动也不例外。一方面,作为学习对象的知识、经验及技能本身就是文化的一部分。另一方面,学习本身也是为了人类文化的传承,离开固有的文化境脉,学习将变得寸步难行。因而,"文化性"是社会性学习的一大显著特征。

其次,社会性学习并不是为了学习而提升社会性,而是为了给学生带来无限可能,将学生、学生的日常生活、学习活动以及社会文化联系到一起。正如杜威所言:学习并不是为了生活做准备,学习就是生活本身。而生活是指人类生存与发展过程中的各项活动的总和,无论是征服自然、融入社会还是完善自我的活动,都是一个学习的过程,对社会性学习而言,学习无处不在,一切皆有可能。

其三,社会性学习的文化性还包含学习过程中的参与性、实践性与协作性。与传统的知识传授不同,社会性学习更强调到真实的情境中,通过参与、分工与社会化的协作进行学习。

(三) 共享性

共享性是基于学习个体而言的,首先,学生不可能经历每一件事情,需要通过分享别人的经验来实现学习。与储存在大脑中的知识相比,学生从网络或其所接触的广阔世界中所获得的知识,更为重要。然而,要实现这一目标,首先要确保知识及学习。

资源的共享性,这种共享知识的过程就是一种社会性学习。这也是为什么我们不把普通的在线学习看成是社会性学习,尽管在线学习有助于学习社会化,但其实是以完成学习任务为目的,而不是以共享为目的。

(四) 联通性

联通性是基于学习中介工具而言的。如今,社会性学习理论再度兴起,更是离不开互联网技术的发展,尤其是各类网络社交工具的广泛使用,呈现出极强的"联通性",其改变的绝不仅仅是学习方式本身。

因为联通,使得学生不再受时间和地域的限制,学习变得无时不在,无处不在。因为联通,使得合作学习成为可能;因为联通,我们可以汇聚不同智慧、观点及创意,让学习从个体走向集体；因为联通，我们可以将学习、生活融为一体，让世界成为我们的教材，让学习变得无限可能；因为联通，我们可以参与到不同文化、不同部落中，可以分享不同思想、不同观点，让参与变得更加有意义；因为联通，我们有了更多的选择及自由，让自主学习成为可能。

第六章

表达性学习需求：语言是有温度的

　　叶子是树的语言，细雨是天空的语言，沧海桑田是历史的语言。语言表达就像一把彩笔，绘画着不同的图景。有力量、有温度的语言表达能够体现一个人的气质涵养、综合素质。语言是学习的基础，在学校教育中，培养学生语言表达能力是素质教育的必然需求。培养学生的语言表达能力，能够帮助学生成为自信的、有个性的、有创造力的、有深刻思维的且乐于表达的新时代少年。

　　"表达"这个关键词,似乎贯穿了我们学习、工作、生活的方方面面。从出生的第一声啼哭,我们就向全世界宣布"大家好,我来了";到婴幼儿阶段,我们咿呀学语,伴随着强烈的情绪和肢体语言,我们在向周围的亲人表达自己的需求;到青少年阶段,我们学会了读和写,我们知道了还可以用笔尖记录自己的内心世界;经历过叛逆与成长,我们知道如何更适宜地展现自己的内在世界,懂得把自己的思想、情感、想法和意图等,用语言、文字、图形、表情和动作等各种方式清晰明确地表达出来,并善于让他人理解、体会和掌握;到白发苍苍时,脸上的皱纹与深邃的眼眸似乎都在向世人诉说过往的难忘片段。

　　对一个人来说,表达能力是其基本的生活技能,小学阶段是学生语言能力发展的重要阶段之一,所以这一时期的外界引导以及外界锻炼显得格外重要。学校课堂作为青少年成长的主阵地,要了解并认识到培养学生表达能力的重要意义,承担起培养和提升青少年表达能力的责任;不仅是让学生会说话,还要会思考,促进其综合素养的全面发展。

▌ 核心观点 ▌
表达的需要是搭建心灵的桥梁

人是社会中的人，在与人交流、接触、生活时表达是必不可少且不可或缺的，因此在成长的过程中，人们有表达自己的情绪、思想、观念等的需求，从而引申出表达性的学习需求。

一、关于表达性的研究

表达是将思维所得的成果用语言语音语调、表情、动作等方式反映出来的一种行为。[①] 表达以交际、传播为目的，以物、事、情、理为内容，以语言为工具，以听者、读者为接收对象。是人类群体活动和生存的需求，是人类最原始和真实的能力。

无论是从整个人类发展的历史进程来看，还是从个体生命发展的角度来看，表达都是亘古有之、不学而能的行为。这对人们相互之间进行沟通理解、适应社会生活起到了不可或缺的作用。[②] 随着社会文明的发展和生命个体的成长，人的社会性逐渐增强，个人所面临生活事件的丰富性和复杂性与日俱增，个体体验的深度和广度都有了进一步扩展。因此，表达所承载的功能、包含的信息以及背后所体现的心理动因，都更加地多元和复杂。一个人对体验到的感觉进行表达的程度，不但会影响他人际关系的质量，还会对他的身心健康造成影响。因此，关注和研究人情绪表达的现状和规律，对人们进行社会适应、人际交往和保持身心健康都具有重要意义。

人的表达在社会交往互动中有重要作用，会对人的人际关系质量造成影响。表达有情感表达、情绪表达、言语表达、肢体表达等。著名当代作家巴金写道：我正是因为不善于讲话，有感情表达不出来，才求助于纸笔，用小说的情景发泄自己的爱和恨，从读者变成了作家。[③] 通过表达，人们将内心体验呈现为可被观察到的外部信息，使得

---

① 朱智贤. 心理学大词典［M］. 北京：北京师范大学出版社，1989.
② 杜承铭. 论表达自由［J］. 中国法学，2001（3）：8.
③ 巴金. 巴金随想录（手稿本）（1—5 集）［M］. 上海：上海文化出版社，2005.

互动双方能够了解对方当下的情绪感受,交换体验,明确彼此的互动意愿,是人与人之间确立人际距离和互动关系的重要信息来源。个体所选择的表达方式、表达内容和表达强度,都会影响沟通效果和人际关系的建立。

二、关于表达性学习需求的研究

人类是社会性动物,每个人都置身于错综复杂的人际关系网中,在与社会的互动中进行自我定位与实现。因此,人际的交往与沟通是一个人毕生都要去面对的课题。形成并维持和谐稳定的人际关系是每个人的需要。沟通是人与人之间进行思想和感情传递与反馈的重要过程,而在感情的传递过程中,个体的表达很大程度上会影响到沟通的进行。无论是不及还是过度的表达都会成为交流中的阻碍,使得沟通结果不及预期。

人与人之间的表达方式不尽相同,有的人急躁、表达能力较弱,无法表达自己的需求,有的人耐心、表达能力强,能很好地表达自己的思维。[①] 人的体验与表达并不总是一致的。表达与否、表达方式和强度往往会依时而异,因人而异。因为表达的过程是一个个体与环境互动的动态建构过程,所以往往会受到来自个体、情境与社会文化等多方面差异的共同影响。[②] 因此,人在成长的过程中,特别是学生在成长的过程中,向他人向书本向社会学习如何表达自己的需求,如何表达内心的想法,如何表达自己的情绪,在学校社会生活中起着非常大的作用。

---

① 徐晶凝.汉语语气表达方式及语气系统的归纳[J].北京大学学报:哲学社会科学版,2000,037(003):136—141.

② 樯宇.人的思维形式与语言表达过程[J].内蒙古社会科学(汉文版),1989(2):73—77.

▎课程建构▎
充盈儿童的表达性学习经历

表达是将思维所得的成果用语言语音语调、表情、行为等方式反映出来的一种行为。表达以交际、传播为目的，以物、事、情、理为内容，以语言为工具，以听者、读者为接收对象。表达性是指当个人把自身的感觉性需要通过行动来表达和展现时，即成为了表达性需要。表达方式有口头表达方式和书面表达方式两种，小学阶段的孩子已经成长为少年儿童，他们的表达性学习需求不只局限于咿呀学语，他们的表达性学习需求进入到较为复杂的口头表达和简单的书面表达阶段。

表达性是少年儿童个性发展中，不可或缺的思维品质。表达性需求包含几个关键词。第一，思维清晰。在以生为本的教育教学理念中，教师给予学生更多的思考空间，通过逆向思维、换位思考、目标思维、客观思维、危机思维五大思维方式使学生在思考中理清思绪。第二，表述准确。用语准确可以提高信息传递的效率。情景不同，用语准确性的要求也不同。学生根据所处环境和自身状态选择使用科学的语言或文字有助于准确表达问题、解决问题。第三，表达流畅。学生要条理清楚、语句通顺地进行语言表达。教师作为学生学习的引导者，在日常教育教学活动中，鼓励学生大胆尝试勇敢张口、动笔，语意连贯流畅地表达自己的思想。

请看表达性学习需求的课程框架图。

图6-1　表达性学习需求的课程框架图

课程创意 6-1　　吾云亦吾思

表达的方式多种多样,此案例所要阐述英语学科的语言性表达。英语作为工具性学科,其交际功能是学科学习的主要目标。众所周知,把好的东西以最佳的方法表达出来,这是何等畅快淋漓的事情。学生的语言表达越强烈,其表达性学习需求就有多强烈。

侃侃而谈而又条理清晰的人,总是能轻而易举地将一件事情讲得清楚明白。心中惊叹这类人语言表达的能力,其实这不是嘴上功夫,支撑他们的是语言思维能力。思维是人脑对客观现实的本质及事物内在规律性概括的、间接的、有目的思维能力的反映,这一反映是以已有的知识经验为基础,以语言为中介进行活动。语言是交流思维的主要工具,也能促进思维活动。语言的正确表达离不开思维活动。在英语教学时,要通过教学内容和教学形式的适当运用,努力培养学生的英语思维能力,以满足学生对语言表达的需求。

片段一:以故事 Animal School 的教学为例

结合学生认知水平,以故事文本为基础,通过故事的发生、发展和结局设计了三个环节和三个问题:How does Little Rabbit feel at first? What's the matter? How does Little Rabbit feel at last? 分别就故事的发生、发展和结局设计教学内容,让孩子们按照这个结构和关键词来学习故事,脉络清晰,重点突出,一节课下来大多数的孩子都能根据结构叙述故事,表达完整,部分孩子语言表达丰富,有表现力。通过故事的整体性教学引导学生思考,培养整体性语言思维能力,最大程度满足学生的语言表达性学习需求。

片段二：以 At Century Park 教学为例

本单元教学的核心词汇为出游所需的物品 sketchbook，cap，camera 和表示公园中的景点 fountain，aviary，pond。核心句型为询问方位的特殊疑问句 Where is ...？及应答 It's ...基于《上海市小学英语学科教学基本要求》的研读，教师对本单元教材结构进行了分析，明确了本单元主题 At Century Park 属于人与自然的范畴；语言功能为交往类的询问、介绍。单元的语用任务是在围绕去公园游玩的相关语境中，能够使用核心语言介绍自己与他人的游玩经历以及获得的乐趣。本课时教师以三组学生在 Century Park 的三个不同场所的不同活动展开教学，以 Do they have fun？为核心问题，并通过支架问题 What places do they go？完成 places at Century Park 的教学内容；通过支架问题 What activities can they do？完成 activities at Century Park 的教学内容；再结合生动的语境创设，真实的活动设计，自身的情感渲染，媒体的直观体验，让孩子们感受到 a lot of fun 的 feeling。这样的一个从 Century Park 到 At Century Park，最后达到 Having fun at Century Park 的推进过程具备一定的思维性，从而构建了学生表达的逻辑思维链。再从这一课时 How to have fun at Century Park？到单元 How to have fun in the natural world？思维推进便水到渠成。

What can we do in Century Park?

What's in Century Park?

There is a big fountain. We can watch the fountain show there. There is a nice pond. We can feed the lovely fish there. And there are some aviaries too. We can take some photos there.

There is a big fountain, a nice pond and some aviaries.
We can _____, _____ and
_____ there.

片段三：以 Around my home 教学为例

本单元中，位置是一个比较抽象的概念，因此我们除了借助地图给予学生实际的辅助外，同时运用各种视频，让学生感知位置、理解位置、为学生提供与生活实际相关的语言体验，提供生活性辅助。本单元中教师采用了多种资源，如图片、视频、地图、学习单等。其中，教师借助地图，在每个课时中让学生通过阅读不同场所的地图、理解地图、了解地图信息,并能提炼地图隐含的其他信息。让学生懂得看地图,给予学生解决问路、指路、描述路线的实用性辅助。通过图片和文字相结合的文本训练学生通过观察和分析、组织语言、完成语言任务,提高语言提炼、语言组合和语言表达的能力。

片段四:以 Look at the shadow 教学为例

本单元的主要内容是一个自然的现象 shadow,它所产生满足的条件是光和物体本身这两者之间因角度不同而发生 shadow 也有不同的变化。为使孩子能准确地捕捉到这个变化过程,动态地表现整个变化的过程是不可或缺的,但这里语言上的关键词的运用也是至关重要的。这里就可以运用对比教学法如 In the morning, the sun rises behind the hill. The tree's shadow is long. 和 At noon, The tree's shadow grows short. 引导孩子在 is 和 grows 之间进行比较,从而学到后者更加准确地表达这个变化。其次,shadow 是个自然现象,如何增强孩子的学习兴趣和激发孩子深入探究的愿望,那在 Alice's shadow 这个话题的教学中也采用对比的方式来实施教学,如 Sometimes my

shadow stays behind me. Sometimes my shadow walks in front of me. 这两句话中的 stay 和 walk 的运用,既表达清楚了意思,也使句子的表现力更加生动和有趣,孩子乐意接受,掌握的效果极佳。通过对语言文本的对比分析,引导孩子理解、分析和判断语言应用和其表达意义的合理性,并能形成准确地运用语言知识表情达意的能力。

综上,把故事性文本、话题性文本、图文结合性文本、对比结合性文本等按照思维训练的要求进行重组,培养学生的整体语言思维能力、语言逻辑思维能力、语言概括性思维能力和语言批判性思维能力等,从而全面提升学生的英语语言思维能力,让学生的语言表达更具生活性和科学性。

语言是孩子过去、现在、将来通往美丽人生之路的必需的社交工具。当人们在交流时语言的反应逻辑性、批判性、创造性等方面有自己独到的见解时,那么他的思想容易被人接受,他的人也同时会被认可。为了孩子的发展,教师在日常教学中指导、引导、提醒孩子学会用发现的眼光观察，用发散的想象思考，只有这样才能使学生的英语与客观事物建立直接联系，促使学生直接理解英语，满足学生语言表达的学习需求，实现学生美好的人生发展旅程。

（上海市嘉定区南苑小学　吴玉兰）

课程创意6-2　语味百果园

语文是一门重要的人文社会科学，是人们相互交流思想的工具。语文课程具有人文性和工具性。多彩的语言、丰厚的人文、深邃的思想、丰富的情感，以一种悄无声息的姿态发挥着教育功能，润泽着孩子的心灵。语文教师应该引导学生在语文的润泽中热爱阅读，善于思考，乐于表达，在语文这座缤纷的花园里，感知多彩的语言之美，探寻丰富的文字之妙，体验自信的表达之乐。

表达与人的生活息息相关，是人对外交流的重要渠道。表达，是生活的需要，是生活的一种形式，生活离不开表达。表达的过程是运用字、词、句、段、篇的能力的体现。对于低年级学生而言，掌握表达技巧，有条理、有计划地说，显得尤为重要。

"语味百果园"就是一门以儿童的表达需求为中心的语文拓展课程。旨在创设不同的情境，以兴趣为导向，在文字之趣、阅读之智、诵咏之美、表演之乐中，引导学生学会倾听，敢于表达，乐于表达，发展学生的语言能动性和灵活性，养成良好的交际习惯和态度，展示积极自信的少年形象。下面，就以"表演之乐"板块的看图讲故事活动设计为例，阐述教师是如何以学生为本位，发展学生的表达能力的。

语言的习得，需要调动大量的实践来进行。语文的口语交际课上，通过看《父与子》的漫画来学习看图讲故事，学生的兴致很高。在语文拓展课上，顺势而为，继续看图讲故事的活动，以巩固语文课的学习。

一、揭示题目，明确要求

1. 今天我们又要到语味百果园采摘果子去啦。（出示《父与子》漫画）还记得口语交际课上,我们应该如何看图讲故事呢?

2. 那么讲故事的时候,我们应该注意什么?

3. 现在谁能把这个故事讲给大家听?

4. 谁来按评价标准点评一下?

5. 今天的语文活动课,我们继续来看图讲"父与子"的故事。讲好的同学将获"故事大王"的称号,得到一份神秘礼物;用心倾听的人,有机会当选"最佳听众,也将得到一份神秘礼物。

(课件出示:

"故事大王"评选标准:讲清图意,语言连贯,生动精彩。

"最佳听众"评选标准:用心倾听,尊重他人,专心思考。)

(教学说明:活动一开始,就让学生回忆看图讲故事的方法,并出示评选"故事大王"和"最佳听众"。这极大调动学生的兴趣,为讲故事做好铺垫,达到"课伊始,兴趣起"的目的。)

二、仔细看图,看懂图意

1. 出示"父与子"漫画:仔细看每一幅图的内容,明确图意,按顺序寻找图与图之间的联系,思考:这5幅图讲了一件什么事?

《艺术的魅力》

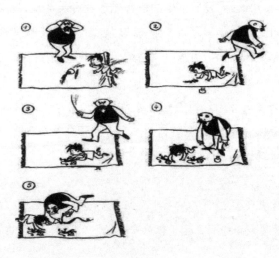

2. 学会寻找图与图之间的联系,概括图意。

(1) 详细指导第一和第二幅图,课件出示。

① 仔细看图,说清楚时间、地点、人物、事件。

② 爸爸呆住了? 猜猜看,他为什么会呆住? 对能联系前后图进行观察的同学及时给予表扬。

③ 爸爸生气了? 猜猜看,他为什么会生气? 可能会说些什么? 指导学生说清楚图意,并鼓励学生把情节说生动。

④ 对学生能讲清楚时间、地点、人物以及事件,同时还观察到人物的动作、想象到他们之间对话的,颁发"故事大王"奖,发放礼物。

(颁奖词:观察认真,表达清楚。)

(2) 第三、第四幅图发生了什么事? 事情有什么转机呢? 父与子分别做了什么? 说了什么?

(3) 第五幅图,你看懂了什么?

根据标准评选第一批"最佳听众",发放礼物,强调聆听的重要性。

(教学说明:活动课的看图讲故事应区别于语文课的新授,它是对语文课的延伸和巩固,所以,只要适当点拨就可。学生基本能看懂图画内容,但对于图画中的细节容易忽略。此教学环节,指导学生细致观察每一格漫画上人物的动作,还原生活,不仅要看到图画上"已有"的内容,更要看到画面"背后"的内容,想象人物之间的对话,可以使说出来的故事充满灵气和活力。练习充分,点评及时,有助于锻炼学生的逻辑思维能力,也锻炼了他们的想象力。)

三、前后串联,练讲故事

1. 同学们,刚才我们通过"仔细观察人物动作、表情,想象他们之间的对话"看懂了每幅图的内容。下面我们把这5幅图连起来完整地讲一讲这个故事,看谁讲得绘声绘色,让听故事的人听得清楚明白。

学生自由练习,及时关注表扬能加上动作的孩子。

2. 指名上台讲故事,发放第二轮"故事大王"礼物。

3. 第二轮"最佳听众"评比,强调倾听的重要性。

(教学说明:学生是学习的主体,通过自由创编动作,比一比、赛一赛的形式,很好地激发了低年级学生练习说话的积极性,不断强化"听"和"说"的要求,让"听""说"能力得到提升,充分调动起学生的学习热情。)

四、发挥想象,续编故事。

1. 其实这组漫画一共有6幅。最后一幅图是空白的,需要我们来发挥想象,给这个漫画故事加一个有趣而又合理的结尾。自己静静地思考一分钟。

2. 请同学们把自己想到的故事结尾与同组的同学交流。完成后,组长组织大家推荐本组最有趣的一个结尾。小组交流。

3. 上台讲。

4. 把前面的故事和你的结尾连起来,有顺序地、完整地讲好这个故事。

5. 课件出示作品原图:《父与子》中的一组漫画《艺术的魅力》。

6. 课时小结。

(教学说明:此环节是仿照语文书的环节设计的。人人有探索未知的欲望。对于第六幅图,教师故意留下了空白。通过补白激发学生想象力,这样的设计富有弹性,有利于开创学生思维,培养学生的创新精神,有助于学生个性发展。猜测故事的结局,可以是好多个版本，最后在老师出示的结果中，体会到一种猜想的快乐。进而明白，为什么是这样的结局。这是符合人物性格的，也是符合情节的，更是漫画最大的特点——幽默。这种结果在意料之外，也在情理之中。这样的设计必激发孩子极大的热情与探究愿望。）

语言能力，是在实践中学习，在实践中提高的。"语味百果园"语文拓展课程以兴趣为导向，以"听""说"能力的发展为纽带，注重学生学习的方式，真正从学生的学习需求出发，通过营造贴近学生生活实际和已有经验的各类言语情境，使语言训练既有生活的体现，又有思想的沉淀和文化的累积，让学生入情入景，畅所欲言，感受语言的魅力，建立善于表达、乐于表达的言语自信。

（上海市嘉定区南苑小学　陆林芳）

课程创意 6-3　　小小"推理家"

表达是将思维所得的成果用语言语音语调、表情、动作等方式反映出来的一种行为。无论是从整个人类发展的历史进程来看，还是从个体生命发展的角度来看，表达都是亘古有之、不学而能的行为。随着社会文明的发展和生命个体的成长，人的社会性逐渐增强，个人所面临生活事件的丰富性和复杂性与日俱增，个体体验的深度和广度都有了进一步扩展。因此，表达所承载的功能、包含的信息以及背后所体现的心理动因，都更加多元和复杂。

我认为，表达能力的培养是潜移默化地渗透在各个学科和社会活动中的。有人曾经不解，数学学科就是计算，与表达能力有何关系？我想说，在核心素养背景下的教育理念已经由传统的"只会做题"的学生向"全面发展"的多元化学生转变。对于任何一门学科良好清晰的逻辑思维能力是前提，如何将自己的思维清晰、准确、流畅地用语言或文字表述出来便是表达能力的体现，因此，学生在任何学科中开展任何学习活动都有表达性学习的需求。数学学科更是一门逻辑思维缜密的学科，同时数学用语的准确性也是非常严密的，因此，在数学学科的学习中，培养孩子们争做"小小推理家"，以缜密的逻辑思维思考问题,以严密的语言文字表达逻辑推理,从而提高学生的表达能力。现以小小"推理家"——线上教学《几分之一①》为例阐述教师是如何培养学生的表达能力的。

教学片段一

课前歌曲欣赏《我的果汁分你一半》,让学生认真倾听,仔细寻找这首歌曲当中重复最多的一句歌词,会唱的同学可以跟随音乐一起唱起来。

(教学说明:倾听的需求也是表达性学习需求中重要的一部分。倾听的需求包括两个方面,一是倾听别人,二是被别人倾听。在课前音乐欣赏的教学活动中,引导学生仔细倾听,寻找重要的信息,又让会唱的学生跟着唱让他们成为被倾听的对象,同时树立他们的信心。在本教学活动中不仅提升了学生的学习积极性,还让所有学生成为了表达性学习的主人,找到了今天课程学习的小秘密,这个过程体现了表达能力的学习过程,同时培养了学生的表达能力,提升了学生的倾听意识。)

教学片段二

1. 引入新知部分

首先在 ppt 中教师出示几张图片,先让学生仔细观察图片,并根据图片说一说,引导学生描述出整体与部分之间的关系。接着出示一个蛋糕的图片,以"一个蛋糕,小胖和小丁丁两人平均分,每人分到多少蛋糕?"揭示课题,引入分数的概念。在这个过程中引导学生关注关键词"平均分",同时让学生体会平均分的含义,进一步了解整体与部分,体会一个整体被平均分成几份其中的一份可以用分数表示。

(教学说明:知识的需求也是表达性学习需求中的重要组成部分,在新知引入的过程中,让学生通过观察、思考、描述的过程将旧知迁移到新知上来,从而进行层层递进的学习,这体现了对学生表达能力的培养。)

2. 探究新知部分

(1)明确分数的写法和读法

学生在探索新知的过程中知道分数线下面的数表示一个整体被平均分的份数,分数线上面的数表示其中的 1 份,写作时先写分数线、再写分母、然后写分子。知道读作时要大写。

(2) 延伸"一个蛋糕,现在 4 个人平均分,每人分到多少蛋糕?"

让学生再次体会什么是"平均分"——每个人得到的应该是一样大的。在探索新知的过程中,知道如何用分数表示每人分到的蛋糕个数。

在此教学活动中连线多名学生进行互动回答,让学生细心观察、仔细看、认真听每个人的想法是怎样的,增加学生的积极性和专注力,在互动中进行思维的碰撞,体会学习的乐趣,学生在此学习过程中自己总结归纳得出:每人分到的一样多才是平均分。教师将课堂还给学生,让学生真正成为课堂的主体,从而加强了学生对平均分的认识和理解,体会到了分数的意义。

(教学说明:在探究新知的教学活动中,教师将主动权交还给学生,让学生成为学习的主体,在思考、讨论、归纳、总结的教学活动中,学生们的思维产生激烈的碰撞,通过联系生活归纳总结知道了什么是平均分,明白了只有在平均分时才能用分数表示,知道分数表示的就是平均分的情况,在此教学活动中学生进行了倾听、表达、尊重的一系列行为从而获得了知识,此过程对学生的表达性学习能力的培养可谓是淋漓尽致。)

教学片段三

1. 巩固练习部分

(1) 一筐苹果平均分给 39 名同学,每个同学可以得到几个苹果? 用分数如何表示? 分数先写什么、再写什么、最后写什么?

数学来源于生活,通过与实际问题相联系,让学生感受生活中的数学,从如何分的公平让学生再次理解平均分的意义,对分数的写法及意义进行巩固练习。同时师生共同总结:把一个整体平均分成几个部分,每一个部分就是这个整体的几分之一。

(2) 想一想,填一填

> 一米长的绳子被分成了同样长度的 5 段,每一段绳子的长度是 1 米的 $\left(\dfrac{1}{5}\right)$,是 $\left(\dfrac{1}{5}\right)$ 米。

> 1 米的 $\dfrac{1}{9}$ 是 $\left(\dfrac{1}{9}\right)$ 米。
>
> $\dfrac{1}{8}$ 千克是(1)千克的 $\dfrac{1}{8}$。

学生知道了"同样长度"等概念表示平均分，可以用分数进行表示。教师设计正向练习和逆向练习让学生对所学知识进一步得到巩固和理解。

通过在线教育平台的便捷，教师利用线上系统随机抽取学生的学号，然后连麦学生进行互动回答，检验学生学习效果，增加课堂趣味性，提升学生学习积极性和课堂专注力。

（3）判断对错

教师通过变换题型吸引学生的注意力，提升学生课堂的专注力和参与度。再一次巩固平均分的意义，理解整体与部分。

在此教学活动中教师使用倒计时秒表，发挥在线教育平台的优势，提升学生的时间观念，增加学生的专注力。通过连麦让学生给出答案并说明原因，检验学生的学习效果，学生一边说教师一边在屏幕上书写展示，让没有被连麦的学生当"小小点评家"认为连麦学生回答正确的在评论区打"1"，认为不正确的在评论区打"2"，既提升学生的课堂专注力，调动学生的学习积极性，也对学习效果进行了检验。

课堂小结部分，教师通过连麦让多名学生说说本堂课的收获，然后对本堂课的教学内容及重难点进行总结。最后，教师带着学生一起回顾课前音乐，形成前后呼应，并提问"一杯果汁分你一半"用分数怎么表示你分到的果汁呢？让学生将自己的答案打在评论区，然后教师对班级学生整体的学习效果进行评估。本节课学生全员参与，学习积极性高，专注力强，课后很多学生纷纷表示感觉这堂课是在音乐中开始又在音乐中结束的。随后教师马上利用在线教育平台进行"点赞""鼓掌""送花"等对学生进行多元化评价，为下节课调动学生上课积极性埋下伏笔。

（教学说明：在此教学活动中，不仅培养了学生的表达能力还提升了学生的问题解决、技术运用、乐学善学、自我管理等核心素养。）

对一个个体来说，表达能力是其基本的生活技能，"表达"这个关键词，似乎贯穿了我们学习、工作、生活的方方面面。因此，表达性学习的需求也无时无刻不存在于任何场景。核心素养背景下，表达能力是每一个学生不可或缺的能力，在严谨的数学学科中，需要教师精心设计教学活动，强调学生严密的逻辑思维，准确的用语表达，通过教育教学过程的细化与深入，逐步帮助学生养成层次清楚、合乎逻辑、准确规范的表达思维，从而促进学生的思维能力发展，提升学生学习品质与核心素养，让每一个孩子成为

"小小推理家"。

（上海市嘉定区南苑小学　万星辰）

课程创意6-4　　基于语用的积累与表达

新课标提出的"语文是一门学习国家通用语言文字运用的综合性、实践性课程"，教师要充分认识学生语言文字运用能力培养的重要性，要依据语言表达规律和学生语言学习规律，构建一个基于"学习语言文字运用"的教学体系，让学生在丰富多彩的语言运用中，发展言语能力，提高语文素养。而当前语文教学中用在语言学习上的时间太少，课堂上偏重阅读训练，偏重思想内容的分析，往往是课文读懂了，思想内容理解了，但是课文却没有读熟，课文中的语言在脑子里印象不深，在日常的语言表达中不会运用。这应该是语文教学与提高学生语言表达能力之间的矛盾。注重理解的多，积累的少，表达运用的更少。这个现象不改变，语文教学的高耗低效就无法改变，所以我们要在积累运用上下功夫。

《赤壁之战》是第五单元中的一篇课文，它记叙了东汉末年，曹操率兵南下攻打东吴，东吴大将周瑜采用诈降和火攻的办法，以少胜多，大败曹军于赤壁的故事。它告诉人们知己知彼，看准敌人的弱点，发挥自己的优势，才能克敌制胜。本单元训练要求是继续练习详细复述课文，掌握详细复述课文的基本步骤和方法。为了落实详细复述课文这一单元训练重点，教学中，要先帮助学生理清文章脉络，区分主次，明白复述事情的起因、结果可以相对简要，事情的经过部分要详细复述。其次是让学生圈画重点词句，引导关注作者语言表达上的特点，并在此基础上熟读成诵。通过这样两步，指导学生做到有详有略地复述表达全文。

设计过程：

学习第6—11节，引导学生关注语言表达的特点，指导学生学习详细复述。

1. 研读有关东吴准备的语句

（1）通过学习，我们初步了解实施火攻的过程，可真要实施火攻并不是轻而易举的。《孙子兵法》火攻篇中这样说道:"行火必有因,因必素具。发火有时,起火有日。"因:引火之物。素具:随时准备。时:气候干燥。日:起风的日子。意思是实施火攻,必须有引火之物,这些引火之物平时就要有所准备。发火要在气候干燥和风起的日子。

(2) 文中的引火之物是什么?(芦苇、火硝、硫磺)

媒体出示:不错,趁着东南风而来的正是黄盖的船,一共二十条,都用幔子遮着,船里不是兵士,也不是粮食,而是芦苇,上面铺着火硝、硫磺。(指名读句)

2. 研读有关描写东南风急的语句

(1) 为什么选择东南风急这一天,而不是选东北风,西南风的日子。(指名答)老师板画帮助学生理解根据双方的地理位置只有刮东南风才能火烧曹营。

(2) 请生画出第6—11节中可以表现东南风急的句子。(出示)引发学生再思考:还有什么好处?

预设1 大风大浪曹操看不清实际情况。

预设2 风助船速,曹操来不及反应。

预设3 风助火势,越烧越猛,曹操无法急救。

(3) 师引读:

那天——东南风很急,江面上波浪滔天。借着东南风,黄盖的船——把帆张足,快得像离弦的箭。借着东南风,这二十条火船冲进——曹操的船队。借着东南风,曹操的战船一下子——都着火了。借着东南风,火又——蹿上岸去,岸上的兵营也烧了起来。

(4) 那是怎样的情景呢?我们来看一幅图。(出示)看到了什么?课文又是怎样写的呢?

示句:火光烧得满天通红,浓烟封住了江面,分不出哪里是水,哪里是岸。哭声喊声混成一片,曹操的人马烧死的,淹死的,不计其数。

谁能把火大,死伤惨重的意思读出来?(指名读)

师小结:这些表现东南风急的句子特别重要,我们在复述的时候一定要说清楚,不能遗漏,因为这是战斗取胜的关键。正因为如此,才有曹操的惨败,复述时大家可在脑海中想象当时的场面。

3. 研读写曹操表现的语句

(1)生读文画句。

(2)出示:曹操笑着说:"黄盖没有失信,果然来投降了。"曹操只道是黄盖来投降了,很是高兴,毫不防备。

比较这两句句子的共同之处,理解"果然""只道"。

师小结:曹操这么高兴就是他认为事情进展与他事先预想的希望的完全一样,所以毫不防备。

(3)结果呢?

示句:曹操坐小船逃上北岸,忽听得背后鼓声震天,周瑜的兵追来了。曹操见手下的兵将丢盔弃甲,无心应战,只得带着他们从华容道逃跑了。(齐读)(成语泛红色)

师小结:这里,作者一连用了三个成语,写出了曹操的狼狈与惨败。复述时,这样的好词语也要用上,这样可以使复述更加生动。

语文学科的性质与特点,决定了它在教学中要更注重语言的表现功能,在语言表达中更多地选择表现性语言。而表达性的学习需求也是学生所必须具备的。复述是语言表达的一项综合性训练,它富有创造性,能把记忆、思考、表达三者有机地结合起来,使之融为一体。复述课文的过程不仅是课文语言内化过程,还是学生的听、读、思、记能力训练过程。在教学《赤壁之战》一课时,最精彩的部分是"火攻"。在教学"火攻"这一部分的时候,重点指导学生研读了四部分的语句:描写东吴准备的语句,东南风急的语句,点火时机的语句和曹操表现的语句。前三组语句的研读,是让学生体会计策的周密,准备的充分,知道这些是"火攻"成功的关键,而第四部分语句的研读,则是让学生进一步体会"火攻"的计策之妙。然而研读不仅仅是为了体会计策之妙,更重要的是学习课文的语言,用语言进行表述。经过这样的指点,学生关注到了文本的表达,在后面的复述中,学生都能用这样的一组关联词把东吴的准备说清楚。在如今的语文教学中,教师必须将学科核心素养教学要求贯彻、落实到位,针对性地改进、优化教学方法,以有效培养学生良好的语文学科核心素养,从而促进学生实现更好地学习、成长与发展。

(上海市嘉定区南苑小学　钱维琴)

课程创意6-5　　在"说"中学习数学

　　培养学生核心素养是新一轮教育改革中的主要发展趋势。不同学者对数学核心素养的定义各不相同,但是数学语言表达能力是数学核心素养不可缺少的一部分。所谓数学表达能力,是指将自己解决数学问题的观点、思想、方法、过程等,用恰当的数学语言(包括自然语言、数学图形语言数学符号语言等)准确流畅地表达出来的能力。

　　数学语言是数学知识的载体,又是数学思维的工具,当学生将自己的思维过程或思维结果用数学语言通过口头或书面表达出来时,头脑里混乱的思维活动才能渐渐清晰起来。思维的发展同语言的发展紧密相关,学生能否准确运用丰富的数学语言来表达合乎逻辑的讲解、讨论、质疑,直接影响到对知识的理解、掌握和数学思维周密性、逻辑性和丰富性的发展。可以说,数学语言表达能力是学生核心素养的重要部分,良好的数学语言表达也是良好素养的体现。

　　一年级第一学期的《减法(求剩余)》最关键在于让学生理解减法的含义,明白为什么用减法来计算,本节课通过有趣的情境,多样的教学方式让学生在轻松的课堂氛围下积极思考与表达。

　　一、设计情境,激发表达欲望

　　对学生而言,生动形象、具体可感的情境能够轻松唤起学生的思维,激发他们表达的欲望。故事对小学低年级学生最具吸引力,在数学课堂中将数学知识融入故事情境中,能够使学生的感知与课堂氛围融为一体,使学生乐于表达。

　　加法(添加)和减法(求剩余)是互逆的两课,本节课根据加法(添加)中熟悉的小胖上车图设计了小胖下车图,不但可以唤起学生旧知,迁移学习方法,也激发学生表达的兴趣。根据动态图片演示,学生示范说,跟着老师说,到学生独立说,同桌互说,在各种说的过程中渐渐学会用规范数学语言表达图片信息并列出减法算式,对减法含义有了初步的认识。

接着出示小鸟飞走了，小鱼游走了，学生下车了等动态图片，让学生在熟悉的生活情境下用数学语言表达图片信息，学生编数学故事的热情高涨，主动表达的欲望被充分发挥。通过这个过程帮助学生真正理解减法的含义，而在学生充分明白减法含义的基础上，教师进行提炼："飞走、拿走、跑掉、游走、开走等"都是在原来数量上的减少，所以我们可以用减法来计算。让学生明白这个过程，加深对减法的认识。

二、多样化操作，让语言活起来

低年级学生具有非常强的好奇心和探究欲望，但是他们对外界的认识还比较少，在教学过程中，教师要充分认识到学生的年龄特点，对学生在学习中的主体地位予以充分尊重，并采取多种多样的教学形式，将学生的积极性和主动性发挥出来，让学生勇敢地表达自己的见解，从而使学生数学语言表达的准确性得到培养与锻炼。

红蓝双色片在一年级学生认识20以内的数以及加减法过程中扮演着小老师的重要角色。在本课中，采用了不同的操作方式，让学生愿意表达与参与。一是让学生根据情境摆双色片，并配合语言表达；二是老师说故事，学生边听边摆双色片并表达；三是老师摆双色片，学生说数学故事；四是老师写算式，学生摆双色片并编数学故事。在这四个动态操作环节中，学生的眼、脑、手、嘴不断在动，学习氛围得到激发，学生的参与度高，思维、表达各方面能力得到锻炼。

三、教师引导，落实巩固

要想培养学生良好的数学语言表达能力，教师要以身作则树立良好的数学语言表达榜样。小学生有明显的向师性，教师通过有意识地规范个人数学语言表达来帮助学生培养良好的语言习惯。例如在本节课练习环节，在错题分析、解释过程中，通过规范的题目分析思路，向学生提供正确的逻辑方式。同时，规范学生的答题过程，也有利于提高学生的思维能力和语言组织能力。

低年级的回家作业以口头形式布置，通过布置不同形式的口头作业，也能够继续强化学生的数学语言表达能力。例如本节课的课后作业是让学生在家里找一找求剩余的问题，编成数学小故事并列算式，这样既巩固了当天的知识，也帮助学生锻炼了思维和表达能力。

总之，数学作为一门基础性课程，贯穿学生学习的各个阶段，培养学生的数学表达能力，教师任重而道远。在学习的各个环节中，教师一定要注意体现学生的主体地位，给学生一个能畅所欲言的愉悦课堂，让学生发挥自身的学习主动性，不断提升数学语言的表达能力。

低年级学生语病较多，语句不连贯，不通顺，不完整，意思不清，想说说不好的现象时有发生。因此，引导低年级学生把话说完整、说规范至关重要，这一时期的学生处于语言发展的重要时期，在这一时期培养学生的数学语言表达，也有助于其思维的发展，各方面素养的提升。总之，如何合适地表达数学语言对学生将产生深远的影响。

作为教学的引导者，教师在规范学生数学语言表达责任重大。在教育教学过程中，可以采用丰富的教学形式，创设表达的环境，多样的教学工具，让学生乐于表达、敢于表达；也可以设计适合的问题，激发学生表达；给予一定的激励，让学生想表达。当然，在表达过程中，教师要实时纠正、引导，提升学生表达的准确性。

从简单地表达，到清楚、准确地表达，让学生在这样的学习过程当中发展各方面素养。

（上海市嘉定区南苑小学　陈美姜）

课程创意 6-6　　愿说、敢说、会说、能说

2017 年秋学期，全国所有地区的小学起始年级开始使用"部编版"教材。部编版语文教材基于学生的表达性学习需求，在每一模板的课文学习后新增了"口语交际"板块，指导学生如何进行交际，包括交际时的仪态、表达等，培养学生愿说、敢说、会说、能说的交际心理及能力。

口语交际课，教师要营造宽松的交际氛围，让学生愿说。课标倡导自主、合作、探究的学习方式，口语交际活动也应发挥学生的自主性。教学时，教师应引导学生有方法、有条理地说，让学生会说、能说。评价时，教师不要给学生随意定性，不要急于评判，注意保护学生的自信心，应以多维度的评价视角，让学生敢说。在学生表达得不够

得当或是价值观错误时,应用合适的方法来引导学生,鼓励学生。

笔者以三年级上册第七单元——《身边的"小事"》为例阐述。

教学片段

(1) 师:那么生活中都有哪些看起来虽小,但事实上却能够影响我们生活和心情的"小事"呢? 孩子们,还是先让我们来看几幅生活画面吧。

生:一位叔叔帮紧随其后的一对母子扶着门。

师:你的声音真响亮,那这件事发生在哪?

生:商场里。

师:嗯,你的想象很合理,那把地点加进去,图上的内容就能说得更清楚明白了。

生:商场里,一位叔叔帮紧随其后的一对母子扶着门。

生:一位叔叔在小区里遛狗,用随身带着的塑料袋把狗狗的粪便清理干净。

师:你说清楚了地点,人物,干什么,真不错。

生:一位老爷爷在公交站台插队上车。

师:你不仅说清楚了谁在哪里干什么,还说得很简洁。

生:旅游景点里,一个叔叔在墙上写"到此一游",还有人爬上树拍照。

师:你观察得真仔细,说清楚了图上发生的两件事。

(2) 师:图片上的"小事"有关于公共礼仪、公共环境的,也有关于公共秩序、旅游文明的。这些"小事"有的令人感到温暖,有的很不文明、令人厌恶,甚至带来危险。刚刚那位同学就上学路上"家长义工疏导交通"一事谈了自己的看法。(播放录音)

(3) 师:这位同学在谈看法的时候说了些什么?

生:不能光说这种行为"好"还是"不好",还要说出一定的理由。

生:这位同学在说理由时,不仅讲了这种行为带来的结果,还说了一件以前发生的类似的事。

(4) 师出示"说清楚看法"的具体要求:

① 为了让人明白你的意思,要注意语速,把话说清楚。

② 可以先针对某种行为表明自己的看法或感受,再用一两句话说说理由。

③ 说理由时,可以讲清楚行为带来的结果,还可以补充有关的事例。

（5）师:你们对图上这几件事有什么看法呢? 选择印象最深的一件事和同桌说一说。

（6）全班交流。

（7）师:"小事"虽小,可它折射出人们的文明素质。在你们的身边,一定不乏这样的小事,现在就请大家用上刚才学过的方法,把你想到的身边小事和你的同桌说一说,并谈谈看法。

（多媒体出示:教室里,电影院里,小区里,公交车上,图书馆里……）

生:有一次,我在公交站台等车,看见一位叔叔朝垃圾箱里扔喝完的饮料瓶,他没能扔进去,瓶子打在垃圾箱壁上弹了出去,滚到了地上。但是这位叔叔并没有把它捡起来,而是直接走了。我觉得他的行为这样的行为很不好,垃圾就这样躺在地上,既破坏了环境也影响了城市美观。

生:记得那年我6岁,和妈妈去北京旅游,乘坐一辆公交车,车上人非常多。一位阿姨她拎着重物,但她还是把座位让给了我,我很感激她,她真是一位爱护幼小的阿姨。我想以后我也会像她一样,给有需要的人让座。

……

口语交际最重要的就是引导学生在交流活动中提高自己的语言能力。鼓励学生大胆地说,各抒己见,畅所欲言,同时还要为学生提供一个练说的舞台。人人参与,个个有感而发,使每个学生都能得到锻炼的机会。这种体验活动,不但满足学生的表达性学习需求,使学生在有理有据中学会树立自己鲜明的观点,也让学生的逻辑思维更加严密、语言表达更加清晰、临时反应更加迅速。

（上海市嘉定区南苑小学　张颖）

▮ 问卷设计 ▮
探寻丰富多样的表达方式

　　表达能力作为学生核心素养的基本面之一，需要教师在课程研究与实施的过程中设计培养学生表达能力的教学环节，在此基础上通过教育教学过程的细化与深入，逐步帮助学生养成层次清楚、合乎逻辑、准确规范的表达思维，促进学生的思维能力发展，提升学生学习品质与核心素养。基于以上出发点，本课题组结合本校学生和教师队伍实际，设计以下学生和教师问卷。

一、学生问卷

　　亲爱的同学们：

　　　　你们好！表达能力在我们的学习、生活中越来越重要，为了了解影响小学生表达能力形成的主要原因，制定相应的对策和措施，请你们把自己的真实情况和想法告诉我们，感谢你们的参与！

　　　　1. 你在日常生活中是否积极与他人交流？（　　　）

　　　　A. 是　B. 否

　　　　2. 你与父母的沟通方式是什么？（　　　）

　　　　A. 眼神　B. 手势　C. 对话　D. 其他

　　　　3. 上课时，你是否经常发言？（　　　）

　　　　A. 经常回答　B. 偶尔回答　C. 很少回答

　　　　4. 你愿意代表小组发言吗？（　　　）

　　　　A. 非常愿意　B. 偶尔愿意　C. 不愿意

5. 你上课回答问题时,你(　　)

A. 只说答案　B. 能完整地回答　C. 说不清自己的意思

6. 课堂上老师让同桌互说时,你在干什么?(　　)

A. 玩　B. 边玩边听同桌说　C. 仔细听认真说

7. 你在表达自己的想法时遭到过别人的取笑吗?(　　)

A. 是　B. 否

8. 认为表达能力的强弱对自己的影响程度是(　　)

A. 很大　B. 一般　C. 很小　D. 没有

9. 你现在所在年级(　　)

A. 一或二年级　B. 三年级　C. 四年级　D. 五年级

10. 你认为学校的"大风车课程"对你的表达能力的培养程度是?

(　　)

A. 很高　B. 较高　C. 一般

11. 你认为学校的哪些课程可以提高你的表达能力呢?(　　)

A. 演讲比赛类课程　B. 语文　C. 数学　D. 英语

E. 技艺类课程(绘画、表演等)

12. 我对提高自己的表达能力有这样的想法

———————————————————————————

示例:

① 课堂上积极举手发言

② 多和老师及同学交流

③ 多和父母表达自己的想法

④ 增设更多提高表达能力的校本课程(如播音主持课等)

二、教师问卷

尊敬的各位老师：

你们好！

本次问卷调查是为了在我们学校开展关于《"核心素养＋学习需求"为导向的学校课程深度变革研究》这一课题的研究，请老师们积极配合这一课题的研究。感谢您的参与！

1. 在你的课堂上，学生能够积极表达自己的想法吗？（　　）

A. 大部分愿意　B. 少部分愿意　C. 很少有人愿意

2. 你认为课堂上的学生口语表达重要吗？（　　）

A. 重要　B. 不重要　C. 不好说

3. 学生表达的正确性与连贯性？（　　）

A. 大部分学生能达到　B. 少部分学生能达到

C. 个别学生能达到

4. 课堂上，给学生说的时间（　　）

A. 大部分　B. 少部分　C. 基本没有

5. 使用鼓励性语言的情况（　　）

A. 经常鼓励每一个学生　B. 对表现好的鼓励　C. 偶尔会鼓励

6. 你认为表达能力对学生的影响程度是（　　）

A. 很大　B. 一般　C. 很小　D. 没有

7. 你认为目前学生的口语表达存在的主要问题（　　）

A. 说话没有主题性和针对性　B. 说话没有条理性

C. 句子不连贯　D. 用词不恰当　E. 其他

8. 日常教学中，你认为通过教学是否能提升学生的表达能力（　　）

A. 能　B. 一般　C. 不能　D. 说不准

9. 你认为可以通过哪些方法提高学生的表达能力?(   )

A. 自我训练   B. 提供乐于表达的环境   C. 榜样与激励机制

D. 父母重视

10. 你任教的年级是(   )

A. 一或二年级   B. 三年级   C. 四年级   D. 五年级

11. 你认为学校的"大风车课程"对学生表达性学习需求的培养程度是?(   )

A. 很高   B. 较高   C. 一般

12. 你对提高学生表达能力有什么建议或意见

_____

示例:

① 课堂上鼓励所有学生乐于表达

② 创设学生敢表达的环境

③ 设计引导性的问题,激发学生思考并表达

▎ 调查报告 ▎
表达，成就思维独到的人

一、调查背景

随着国家素质教育的日趋完善,我校的素质教育培养方式也逐渐多元化,学校对学生综合能力的培养也越来越重视。学生表达能力的提升是学生综合素质提升的基础,在学生教育发展上,表达能力的培养是我们必须要重视的。整个小学阶段,是培养学生表达能力的关键时期。

表达性学习,特点是学习者运用语言或文字等某种表达形式将自己的见解大胆、清晰、准确、流畅的表述,他们的成功取决于良好的逻辑思维能力和事物描述的准确性,学习者可根据学习的内容、时间、地点以及方式方法进行表达,教师在此过程中是引导者,从而使得学生的表达能力、思维能力和学习能力得以充分体现。因此,注重学生表达性学习需求的满足成为教师通过课程设计和实施提升学生学习素养的有效途径。

为了了解南苑小学课程开发和实施过程中对学生表达性学习需求的实际情况以及教师如何通过教学有效致力于学生素养的提升,本课题组进行了此次调查。

二、调查对象与方法

1. 调查对象

2020 年 6 月,采用问卷的形式对南苑小学的全体学生和教师分别进行调查。

2. 调查方法

本次调查采用匿名问卷的形式,收集具有一定数量的真实可靠的原始数据,借用问卷星对我校在校学生及教师进行调研并形成数据。

三、调查结果与分析

1. 调查结果

本次调查共发出问卷 1 046 份,其中学生问卷 946 份,教师问卷 100 份。回收学生问卷 940 份,其中有效问卷 931 份;回收教师问卷 100 份,其中有效问卷 100 份。

2. 调查问题分析

(1) 对校本课程知晓程度高。在学生问卷中,94.2%的学生认为学校的"大风车课程"对其表达能力的培养是至关重要的。可见学校"大风车课程"开发和实施的过程中,无论是在学生知晓度还是参与度上都体现了普遍性。同时,一部分学生认为学校应增设培养表达性学习的相关课程,体现了学生对校本课程开发和创新的需求。

(2) 对表达性学习需求的认可度高。在学生问卷中,87.2%的学生认为表达能力对自己的影响很大,仅有 1.1%的学生认为一般重要,没有学生认为表达能力对自己没有影响;在教师问卷中,100%的教师认为学生需要具备表达性学习的能力。可见无论是学生还是教师都认为在学习过程中表达性学习是非常重要的。但在日常学习和生活中只有 76.7%的学生在与其他人沟通交流时能够认真倾听,75.4%的学生愿意积极表达自己的想法,同时对于回答问题的完整性只有 29.8%的学生认为自己能够完整地回答,敢于认真大胆交流的学生只有 47.2%。并且其中绝大部分对自己不够肯定的学生都集中在三年级以上,体现出表达性学习与学生的经历、年龄相关性较大,且在实践中的达成难度较高。与此同时,94.3%的教师认为通过教学能有效提升学生的表达能力,而提供让学生乐于表达自己的环境与平台等学习机会则是绝大部分教师眼中最能培养学生表达能力的有效途径。可见课堂作为教学的主阵地,仍然承担着培养和提升学生表达性学习能力的重要使命。

(3) 对表达性学习能力培养途径多元化的认可度较高。针对如何培养自己表达性学习的能力,一部分的学生认为可以在学习中培养,例如在课堂上可以多举手积极发言等;一部分学生认为可以通过增加自己的交际圈来提升自己的表达能力,例如多交朋友,多和朋友、同学、老师聊天交流等;还有一部分同学认为可以从家庭出发,例如在家多多和父母家人沟通交流表达自己的想法也是提高自己表达能力的有效途径……这都体现出学生对表达性学习能力的多元化认知和理解，以及对培养途径的多种需求。这一点也体现在学生对校本课程的教学目标认知上，62％的学生认为演讲竞赛类的课程有利于提升个人表达能力，而其他学生也认为语文、数学、英语、体育、艺术、表演等课程也都能满足自身对表达能力的学习需求，体现出学生对个人综合能力提高和全面发展的需求。而教师们也对培养学生表达能力的方式有多种理解，其中榜样力量、大胆尝试和他人引领都成为了教师的首选，体现了打破学科边界，将德育融于课程的良好教学现状，同时也有部分教师提出"加强家校沟通，追求家校合作，强化训练结果"是不可或缺的有效途径，体现出教师对家校共育程度提升的迫切需求。

四、提升学生表达性学习能力的对策

1. 基于学情，制定目标

每个学生的原生家庭不同，上学之前的能力培养方式和家庭教育方式也都不尽相同。有的孩子在刚刚步入小学时识字量极少，而有的孩子却能达到高年级识字量水平；有些学生部分拼音或汉字的发音还不标准，而有些学生已经在幼儿阶段拿到过演讲类的荣誉……我们基于不同学生的学情，基于不同学段的学情，开发多元化课程，制定分层学习目标。

2. 丰富课程，消除障碍

在丰富的课程体系下，让学生训练表达能力的可能性是非常多的，教师作为引领者要正确地利用这些可能性，帮助学生消除心理障碍。要消除学生胆怯心理等心理障碍，教师首先要加强与学生的沟通，重视加强家校沟通，掌握学生基本情况和内心想法与真实诉求，从而进行正面引导与正向激励，帮助学生战胜心理困扰，提高学生的表达性学习需求，从而极有效地提高学生的表达能力。

3. 加强训练，巩固成果

表达能力的培养侧重于实际锻炼中要学生感知。基于学校丰富课程体系的理论性，在日常教育教学的课堂中，多让学生进行小组讨论，积极表述自身观点。此外，还需要靠加强家校沟通来巩固教学成果。语言与生活密不可分，在日常生活的点滴事件中都可以培养学生的表达能力，表达能力的培养不是一朝一夕一蹴而就的，因此就需要在平时生活中得到家长的大力支持和配合。同时,实践操作在学生的精神发展需求中也起着特别重要的作用。例如,学生通过学校课程习得描述某件事物的起因、经过、发展过程的方法,需要在平常的生活中得到巩固才能最终为自己所用,因此家长在日常生活中对支持孩子巩固学校丰富课程体系下习得的表达能力极为重要。

4. 依托资源,拓展渠道

随着时代的发展,我们认识到,现代教育不能局限于校园和课程,今天的教育是"大教育",今天的学校也是"大学校"。在课程开发过程中,我们鼓励教师积极参与,群策群力,依托学生感兴趣的现代教育资源开发课程,让学生在"玩中学",在"学中玩",从而潜移默化地提升学生的表达能力。在教育教学实践的过程中,我们鼓励以生为本的课堂,让学生成为学习的主人,让学生成为课堂的主人。例如,课题内容让学生小组商讨决定,上课方式由学生自己提出并说明理由等,让学生的知识与能力在潜移默化中培养提升,从而培养出具有思维能力、表达能力和社会使命感的新一代社会主义接班人。

第七章

道德性学习需求：唤起内心的自觉

　　道德源于人内心的自觉。人无德不立。"培养什么人、怎样培养人、为谁培养人"，道德教育需与新时代社会道德发展规律实时接轨。人性决定人生航向，道德性学习有利于开启向善的心灵世界、启迪明确的是非观念、铸造坚韧的意志品质、激发自豪的民族情感，最终塑造完美人性、引领社会风尚、形成时代印记。学校道德性教育应关注学生内心深处道德思维的生成、道德特质的向善、道德力度的持续，让充满灵性的道德性学习深深根植学生的心灵土壤。

道德，是一种社会意识形态，是人们共同生活及其行为的准则与规范。道德往往代表着社会的正面价值取向，起判断行为正当与否的作用。人性如果失去道德，犹如折翼的天使，失去水的鱼，人性必须以道德为依托。对于人性中的正面部分，道德有锦上添花的作用，并非必不可少，然而，对于人性中的负面部分，必须辅以道德去矫正。牙牙学语的小朋友喜欢抢别人的东西玩，别人拿走他还会哭闹不停，相信这是接触过孩子的人都有的感触。小孩子，还没有正式接受教育，因而他所表现出来的都是他内心中最真实的一面。但是，当他慢慢接受道德性学习之后，他就明白了要征求他人同意，与人共同分享等为人处世的道理。道德之于人性犹如鸟之双翼，唯有辅以道德的约束，人性才能克制其弱点，展现其闪光点。

学生的道德性学习在不同时期有着不同的要求，但必须符合当前社会道德的发展规律。它要求学生从生活实际出发，引导学生用自己的眼睛观察，用自己的心灵感受，在教师的引领下明辨是非，树立正确的道德观念。学校课程除了以《小学生守则》《小学生日常行为规范》为基本内容之外，还需积极有计划地开发学校校本课程，正确引导学生的道德行为，培养学生的道德情操，提高学生的道德认识，使他们养成良好的行为习惯。针对小学生的道德性学习需求，我们具体归纳了以下四个方面的具体内容：诚信的需求、友善的需求、勤俭的需求、爱国的需求，让道德性学习深深地扎根于学生心灵的土壤，紧密联系每个学生的日常生活、学习生活、交往生活、集体生活，对学生进行积极的启迪与引导，让学生自主地建构道德经验，提高道德水平，养成道德习惯，提升学生的人生境界。

▌ 核心观点 ▌
道德性教育的核心是"以人为本"

　　道德的力量来自于人内心的自觉,来源于人内心对道德的敬畏与向往,而此种敬畏和向往只是一种潜在力量,要想真正发挥道德的作用,其实需要外部的某种力量来唤起,道德的作用方可实现,道德教育则承载着这一使命。本课题将道德的学习和培养与学生的学习需求结合起来,提炼出基于个体发展的道德性学习需求。

一、道德性学习需求的三大范畴

　　当代西方心理学界关于人的品德的心理结构有诸多表述,其主流观点是"三要素论",即人的品德是人的道德认知、道德情感和道德行为的统一体。①

　　先哲们在其论著中多次提及道德认识的形成在人们品德形成中的重要作用。孔子在《论语·宪问》中说:"有德者必有言,有言者不必有德。"王安石在《仁智》中说:"仁,吾所未有也,吾能知其为仁也,临行而思,临言而择,发之于事而无不当仁也,此智者之事也。""知其为仁也"就是要形成一定的道德认识,这是人们品德形成的前提条件之一。道德认知是学生对人们社会关系和社会意识形态的意义的主观反映,是学生理解和掌握道德规范的重要心理基础。

　　一个有道德的人必定是有情感的人。孔子说:"唯仁者能好人,能恶人。""仁者必有勇。"孔子认为,只有具有仁德的人,他才懂得应喜欢什么,厌恶什么;只有具有仁德的人,他才能真正具有仁德的品质,因为仁德里包含着"爱""恶""勇"之类的道德情感。道德情感会伴随着人的"知"而产生和发展,道德情感对人的道德行为有很大的调节作用。

　　道德行为是学生行为习惯的核心部分。人的道德品质形成的关键就是看个体能否将其道德认识与道德情感外化为自己相应的道德行为,中国古代哲学也倡导知行

---

① 李戬. 立足大学生道德学习的"三要素"开展思想政治教育[J]. 教育探索,2012(08):109—110.

统一。

由此可见，学生的道德学习中应该包括认知学习、情感体验学习与行为习惯养成三个基本方面。

二、道德性学习需求的政策背景

推进教育立德树人是当今教育的主流。"教育要从娃娃抓起"，教师要根据学生的认知规律，将德育渗透到每个校园、每个班级，将德育落实到每个科目、每个课堂。

三、道德学风是学术大厦的根基

学术规范是科研界在长期探索中形成的法则。有的学术规范表现为成文的规则甚至法律，有的学术规范则是抽象的、倡导性的。不管是什么样的学术规范，都是学生在日常学习与成长中的底线依据。

良好道德的培养和建立，离不开学生的自觉遵守，离不开教师的学习指导，也离不开社会的监督引导，因此教师要担负起自己的责任，培养品学兼优的社会主义接班人。

四、与道德性学习相关的理论基础

任何教育最终只有通过自我教育的参与，才可能产生良好的教育效果。

心理学家霍尔将儿童看作成人之父。只有珍视儿童的价值，承认并关注儿童的潜在性，才会激发儿童的道德潜能。差异性是指在道德教育中要承认每个学生都有自己的独特性，承认每个人都是唯一的。道德教育只有充分尊重这种个体的差异性，"因生施教"，才可能是完美有效的教育，才可能使学生养成良好的道德品格。

美国教育家杜威更明确指出："教育即指导"，把德育过程的本质归结为教育者的价值引导和受教育者自主建构的统一，已成为许多学者的共识。

阿尔伯特·爱因斯坦在《我的世界观》一文中说："在我们的制度、法律和社会风尚中,凡是在道德上有价值的东西,都是来自无数个人正义感的表达。社会机构如果不以一个个活生生个人的责任感作为依靠和支撑,那么他们在道义上就是苍白无力的。因此,唤醒和支持个人道义上的责任感所做的努力,是对整个社会的重要贡献。"①

---

① 沈静. 论科学家的道德责任感——爱因斯坦的科学伦理学思想述评[J]. 安徽工学院学报,1981(00):63—
  70.

| 课程建构 |
丰富儿童的道德性学习经历

道德性是伦理学的核心概念。人类的任何活动均具有道德性的问题,尤其是指向"培养什么人、怎样培养人、为谁培养人"为宗旨的教育活动,在"培养社会主义建设者和接班人"的过程中,学校课程建设也必然要符合"道德性"的内在要求。道德性的教育活动应"以人为本",以幸福为目标,以遵循教育的本质规律为原则,它指向学生发展的终身幸福,注重学生的生命成长。

道德性是儿童个性发展和价值观形成过程中不可缺少的思维品质。道德性需求包含几个关键词。第一,生成性。教育知识的出发点和归宿是人的发展,学生作为学习的主体和教育的最终受益者,应在接受充满灵性与道德的教育实践过程中逐步生成道德品质、开启心灵世界、塑造完美人性。第二,向善性。教育之学是"至善"之学,道德性扎根在教育教学实践活动的方方面面。教师在教学过程中需要关注学生内心的体验和成长,即道德人格的塑造和道德情感的养成。第三,持续性。学生道德品格的形成是一个自我认知和优化的可持续的动态过程,而非一蹴而就即可形成和稳定的静态结果。教师作为教学活动的指导者和合作者,需要结合学生的年龄段特点和具体学情循序渐进地、不断深入地持续开展道德性教育活动。

请看道德性学习需求的课程框架图。

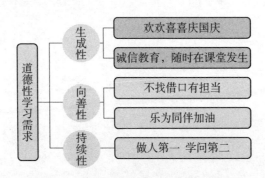

图 7 - 1　道德性学习需求的课程框架图

南苑小学在雅美教育的文化熏陶下，进一步更新课程理念，充分考虑学生的道德性学习需求与情感体验。"不找借口有担当"课程通过呈现学生面对挫折与困难的情景，引导学生用"助人自助"的视角解决问题、提升自我诚信的正向发展能力。"诚信教育，随时在课堂发生"课程将诚信教育渗透在英语课堂教学中，引导学生从细节出发，背好诚信的行囊，采撷诚信的浪花。"做人第一　学问第二"课程立足体育课堂中教师的自身修养，通过谈吐文明、言行一致达成学生思想品德教育的目的。"欢欢喜喜庆国庆"课程通过开展生动的学习实践活动，帮助学生将爱国主义教育转化为实实在在的日常行为习惯。"乐为同伴加油"课程则关注到学生无论在学习中还是在生活中保持健康情绪的重要性，无论输赢，乐为同伴加油，才能拥有愉快的心情，以积极的态度拥抱成长。

课程创意 7-1　　不找借口有担当

在教学中，你是否遇到过这样的学生：他们不敢直面学习中的困难，害怕被老师、家长批评，所以经常寻找各种借口，有时巧舌如簧，有时一副可怜模样。找借口虽然可能让他们暂时逃避了困难和责任，获得了些许心理慰藉，但其实质是一种不诚信的敷衍态度，这种消极态度将消耗他们努力的动力，慢慢地陷入"失败→借口→再失败"的恶性循环中。针对学生这种找借口的不诚信态度，我们有责任引导他们去改变。于孩子，可以帮助他们走出恶性循环；于家庭，可以促进家庭和谐发展；于国家，有利于培养有担当的祖国栋梁。如此三得利，我们怎能不甘之如饴呢？

那如何能帮助学生改正"找借口"这样的恶习呢？四年级"幸福课程"的"我与学业"板块中有这样一课——《跌了跟头，莫怨石头》，将给我们莫大的助力。下面将介绍如何通过这堂幸福课，帮助学生叩开幸福之门，让学生在体验中主动抛却"找借口"的恶习，寻找解决问题的正确途径与方法。

一、游戏体验，鼓励勇敢

先玩一个热身游戏——12345，学生根据指令完成相应的动作，做错的同学大声说出"我错了！"然后坐下。第一轮游戏后，老师点评："站着的同学反应很快，大声说出'我错了'的同学应得到掌声，因为你们能勇敢地面对自己的错误。"有了这一铺垫，第二轮游戏中里学生主动承认错误的声音响亮了许多。

游戏的体验,让学生明确主动承认错误是勇敢的行为,同时借助轻松的游戏氛围与老师积极的语言激励,激发学生积极面对挫折的态度与勇气。

二、情境体验,寻找根源

"可是有个小朋友丁一小,他就没这么勇敢,今天穿越到他的世界里去帮帮他。"当我们创设一个情境,并让学生担任助人者时,学生常会表现得积极主动。首先出示的情境是丁一小小时候被石头绊倒怪石头,同学们就"那这石头有错吗"的话题展开了讨论,从而明确了跌跟头不可怕,可怕的是找借口少担当。

其实在成长的过程中,谁没跌过跟头,遇到过挫折? 让学生在一张石头状的任务单的第一行写下自己近期遇到的挫折。任务单设计为石状,而且色彩各不同,旨在暗示学生成长道路上遇到的绊脚石形形色色,同时接轨学生生活实际,为接下来寻找方法解决自己的困难埋下伏笔。

三、案例剖析,明确危害

本堂课立足于学业,所以接下来的案例剖析是围绕丁一小在学业上的表现来展开的。情境一:丁一小一脸沮丧:"我脑子比别人笨,再怎么努力也不行。"情境二:丁一小默写错误率高,他为自己找了"老师念得太快了,我来不及写"的理由。情境三:丁一小面对不理想的成绩这样说:"这次运气真差,复习的内容都没考。"每一个情境的出示,都伴有两个问题的思考,丁一小找的借口是什么? 这样找借口有什么危害? 通过对三个情境的讨论分析,学生们一下子找到了找借口的危害,即找借口会让人产生自卑、推卸责任、不思进取的负面情绪和心理。

"那请你畅想一下,这样下去,丁一小的未来会怎么样?"丁一小的未来在孩子的大胆想象中一下子立体起来。看来找借口的危害不仅影响当下,对未来更是后患无穷。

四、扔掉借口,找准原因

那遇到困难不能找借口,那应该找什么呢? 此时,我们请来了另一个卡通人物——丁一小的姐姐。一样是面对不理想的成绩,姐弟表现有何不同? 听了姐弟俩的心理独白,学生一下子发现姐姐是在自己身上找原因,相对于弟弟的推卸责任,姐姐敢于面对自己的问题。接下来的日子姐姐每天回家将老师讲的内容认真复习,而丁一小一放学就出去玩。在此故事按个暂停键,让学生来预测一下,下一次两个人的考试成绩会怎样? 同学们一致认为姐姐能取得好成绩,而丁一小成绩会更糟,并给出了自己的理由。随着谜底揭晓,学生深切地感受到遇到困难我们不能找借口,而应该积极地找原因。

通过创设丁一小与姐姐面对学习成绩的不同态度、行为,及其结果的情境,旨在引导学生进行对比分析,明确遇到困难不应找借口,而应找原因,并在分析姐姐进步的原因中,初步感悟到找准原因的方法。

五、故事启示,探寻方法

此时姐姐的形象已经立起,趁热打铁,告诉学生:姐姐之所以在面对挫折时的表现与丁一小不同,是因为她有两位名人的指引。是谁指引了姐姐? 趁着学生的探究兴趣被激发,我们播放了一段海伦凯勒的视频,学生被震撼到了:作为一位聋哑人,海伦凯勒没有自暴自弃,而是选择了积极进取。我们怎能轻言放弃? 这个视频让学生看到自身的优势与力量,从而树立战胜困难的信心。接着以姐姐的口吻讲述了一段牛顿的故事,在故事中,学生发现了隐藏在其中的方法,即要从自身找原因,敢于面对挫折,并寻找解决的途径,至此,找原因的"四要四不要原则"跃然眼前。

再回到丁一小这边,观看小品《丁一小学写字》。小品结束时,表演丁一小的学生发出这样一个求助信号:其实我也想写好字,我该怎么做呢? 聪明的小朋友一下子联系了刚才学到的方法,纷纷为丁一小出谋划策。在听取了大家的建议后,演员们即兴重塑了小品《丁一小学写字》,其间老师随机还给他们加了戏:正当丁一小认真写字时,邻居小张同学来找丁一小踢足球,丁一小怎么做? 奶奶买了一堆丁一小喜欢的零食招呼丁一小吃,丁一小怎样表现的? 奶奶打开电视,电视里放着丁一小喜欢看的综艺节目,丁一小会怎样说? 通过小品的演绎→建议→再演绎,学生在生动活泼的活动中巩固内化了学到的方法。

六、运用方法,获得幸福

丁一小找到了他写不好字的原因,并努力去改变,老师相信聪明的孩子们面对挫折时都能找出原因。此时再次让学生拿出石头状彩色任务卡,写下自己将如何战胜自己遇到的困难。此时学生们顺理成章地运用起这节课学到的方法,很快将写好的卡片张贴于黑板指定区域。伴着学生的张贴,黑板上出现了一条通向远方的五彩路。只要我们从自身找原因,不归咎外因,坚定信心,不自我贬低,敢于面对挫折,不推卸责任,想好解决方法,不拒绝改变,那么那些成长路上形形色色的绊脚石,将为我们铺就一条通向未来成长的五彩路。

张贴同时,也引导学生观摩他们的卡片,互相的学习中汲取智慧与力量。最后播放学生家长的寄语视频,这来自家庭的支持,让学生倍感幸福。

真实的情境,沉浸式的体验,学生们在纠正丁一小找借口的过程中获得了思考,在辨析中找到了如何担当的方法,进而实践了诚信的诺言。课前的游戏引入,明确担当需要勇气;课中丁一小表现的三个案例的递进式剖析,了解遇到挫折找借口的危害;丁一小与姐姐的对比中,认识到做到担当的方法;姐姐的故事分享,进一步厘清了担当的"四要四不要原则";小品的重构,是学生将所学付诸实践的过程;最后父母的激励,给学生再添担当的勇气。整堂课一气呵成,贴合学生实际,更明确了找借口只能让挫折成为绊脚石,而找原因、勇担当,挫折将会是成长路上的垫脚石,如此体现了对学生诚信的要求与自我诚信的能力。

通过本次主题活动,发现不同学生遇到的挫折与困难各不相同,也欣喜地看到了学生身上所具备的正向发展能力,在引导学生勇担当的过程中,学生们用"助人自助"的视角,获得了自我发展。同学的榜样、老师的鼓励、家庭的助力,这些资源的整合,让我们看到了 $1+1+1>3$ 的效果。通过本次活动,学生们一致达成共识:失败者找借口,成功者找原因。诚信的态度加上科学的方法,才能引领我们走向成功。

(上海市嘉定区南苑小学　唐宁宁)

课程创意 7-2　　诚信教育,随时在课堂发生

"国无德不兴,人无德不立",道德教育的重要性不言而喻。小学生的道德教育主

要从以下几个方面进行：诚信教育、友善教育、勤俭教育和爱国教育。中国自古乃礼仪之邦，小学生的诚信教育乃所有课程的重中之重，是继承和发扬我国中华民族的传统美德，是学习为人处世的基本之道。正如《狼来了》的故事，家喻户晓，一个说谎的孩子，以戏弄农人为乐，而最终却为自己的谎言付出了惨痛的代价。我国著名教育家陶行知先生曾经说过"千教万教教人求真，千学万学学做真人"。因此，以诚信教育为基准，加强小学生思想道德建设，是一条非常有效的德育教育方法与途径。下面就以《诚信教育，在课堂自然发生》为例，阐述如何培养学生诚信品质。

一、故事经过

上课铃声一响，我拿着英语的绿色作业走进教室，想到昨天有家长私信我说孩子的绿色作业找不到了，所以我决定利用课前两分钟的时间，让小朋友们检查一下自己的书包，看看是不是有绿色作业错拿的情况。考虑到大事化小、小事化了的原则，我温和地说道："昨天我们班有小朋友的绿色作业找不到了，很可能是课代表在发作业的时候，不小心把她的作业放在了你的桌上，之后你又不小心装进了书包，这个是很正常的情况。现在需要小朋友们仔细地检查一下自己的书包，看看有没有拿错呢？如果你发现自己的绿色作业拿错了，现在还给她也可以的。"之后小朋友们认真地检查了自己的绿色作业，都说是自己的，不是别人的。两分钟的预备时间已过，上课铃声正式响起了。我开始讲解绿色作业，所有的小朋友都在认真听课，只有一个小朋友还没有拿出自己的绿色作业，我走到她的旁边问她："小静同学，老师现在讲解绿色作业了，你得赶紧把绿色作业拿出来啊！"只见她慢慢地拿出自己的书包，拉开拉链，把手伸进去，慢慢悠悠地从自己的书包里拿出绿色作业。看到她这一系列慢动作，我的心里产生了疑问。最近小静同学的情况也有点特殊，经常会因为肚子疼而请假不来上课，因此老师们也格外照顾她。她把绿色作业放在桌上，不像平常一样正面朝上而是反面朝上，我的疑问更大了。我走过去看了看她绿色作业的封面，结果发现绿色作业上的名字不是她的，而恰恰是昨天丢绿色作业的同学的名字。这种状况我也是第一次遇见，考虑到要保护小朋友们的自尊心，不能在不清不楚的情况下妄加定论，我决定在课下单独找她私聊。

下午晚托时间，我让同学们订正今天的默写。默写本一发，又有小朋友说默写本找不见了,我想让小朋友们检查下,还没等我多讲,小静后排的同学说小静手上的默写本是她的,并且小静还把默写本的名字改成了她自己的名字。我也意识到了问题的严重性,所以在小朋友们订正默写的时候,我悄悄地把小静同学叫到了教室外面。我说:"昨晚的绿色作业可能是别人不小心发到你的位置上了,你自己打开的时候没有认真看,所以在上面做了,我觉得这个情况是很正常的,以后写作业之前一定要先认真检查下是不是自己的哦。不过今天的默写本,你在上面涂改了名字,我觉得这个行为不是很好,你觉得呢?"小静同学默不作声,显然她也知道自己的行为不太妥当,要想让她真正意识到错误并改正错误,必须知道她这种行为背后的原因。我问她,你为什么要拿别人的默写本?她继续不说话,我又继续问,她还是不说。此时我想到某个心理学家说过,习惯性撒谎或者是经常做出不诚实性行为的同学,是因为害怕家长和老师的责备和惩罚,尤其是之前有过被责备和惩罚经历的孩子更是如此,两三岁的孩子已经有了基本的是非判断能力,更何况她已经是四年级。想到这里我马上问她:"默写作业本你爸爸妈妈会主动看吗?"她说:"会看的。"我问:"如果你有错误,他们会怎么办?"她说:"骂我,有时候打我。"说着,她的眼圈有点红,强忍住要流出的眼泪。我突然明白了她为什么要拿别人的作业,原来,经常故意拿别人的作业只是一种逃避责骂的手段而已。

二、方法对策

根据儿童的心理特征,当孩子犯了错误的时候,我们要盘问清楚事实真相,但态度不可以凶狠,也不可以太过严厉,否则孩子会增加顾虑而不吐真言。所以我选择采用温和平淡的语气去提问她,让孩子心理放松,不感到紧张,之后再引导孩子一步一步把事实讲出来,我根据实际情况对孩子进行教育。我告诉她,比起学业成绩,一个小朋友的诚信更可贵。

之后我做好与家长的联系工作。孩子的这种行为与父母的高期待和严要求息息相关,所以我及时沟通了孩子的家长,叙述了孩子最近的一些情况,引导家长,要尝试着给孩子一些时间,让她慢慢进步和成长。在期待孩子学有所成的同时,多关注一下孩子的心理健康,也和家长随时保持联系,家校共育,让小朋友在轻松愉悦的家庭环境和学校生活中茁壮成长。

针对小学生的诚信教育，教师应以《新课程标准》《德育大纲》为依据，遵循小学生认知与发展的规律，科学、扎实、有效的实施。教师的职责不只教书，还有育人，学校是育人的天地和摇篮，是实施德育、诚信教育最重要的一环。因此，我们要将诚信教育渗透在整个校园、每个班级，落实到每个科目、每节课堂，同时社会和家庭需同向共行，成为学校德育的强大助力。不管是班主任还是任课教师，我们都应该把诚信教育贯穿于整个课堂。诚信是检验学生是否合格的重要指标，是为社会培养合格人才的根本，因此需要我们下大力气去抓实抓好。只有背负诚信的行囊，采撷诚信的浪花，通往未来的道路才会更平坦，脚步才会更踏实！

（上海市嘉定区南苑小学　宋晓红）

课程创意 7-3　　做人第一　学问第二

体育与德育各有其特殊性，各自所要求的教育任务并不相同，但二者在某些方面却有很多结合点。

德育就是教师有目的地培养学生品德的活动。我国的学校德育大致由三个部分组成：道德品质教育、政治教育、思想教育。其中，道德品质教育诸如不怕吃苦、勇敢坚强、遵守纪律、热爱集体等这些美好品质时常在体育教学中在学生身上展现出来。教师应利用时机，在体育教学中对学生的这种自发意识加以引导，使之真正成为学生自身的稳定品质。同样，也会有部分学生在上体育课时，暴露出缺乏某些本应具备的良好品质的问题。这都需要体育教师在教学过程中，具体问题具体分析，针对不同情况采用最佳的教育方法，引导所有学生在体育课上塑造美好人格。

一、理论指导

1. 通过"队列队形"的学习，培养孩子"一切行动听指挥"、守纪律、爱班集体的优良品德，增强班级凝聚力。通过练习"定时跑"培养孩子耐力和意志品质。

2. 通过"1分钟跳绳""趣味沙包投准"的学习，发展力量、列队集合的合作力，提高身体素质、协调性。

3. 激发学生的运动兴趣,焕发学生参与体育活动的欲望,关注学生的活动全过程。

4. 培养学生团结合作的精神,在合作学练中体验友好互助、进取向上的学习氛围。

二、构思与设计

1. 教学目标:队列队形、1 分钟跳绳、趣味沙包投准,发展力量、列队集合的合作力,提高身体素质、协调性。

2. 教学内容:A. 队列队形:①我来指挥环节:全体同学指挥老师,三面转,要求动令在"转"字上。②左手叉腰——向右看齐! ③原地踏步 PK,原地跑步 PK。B. 1 分钟跳绳。C. 趣味沙包投准:衣服反穿投接沙包。D. 定时跑。

3. 教学策略:A. 小组比赛法,胜的小组给予掌声鼓励,输的小组击掌加油。B. 男女生的队列口令比赛或展示。C. 角色交换的教法,如在"我来指挥环节"中,全体同学指挥老师,老师做三面转。

三、德育渗透点

1. 队列队形内容:①我来指挥环节:全体同学指挥老师,三面转,要求动令在"转"字上。②左手叉腰——向右看齐! ③原地踏步 PK,原地跑步 PK。

通过上述三个环节,培养孩子"一切行动听指挥"、守纪律、爱班集体的优良品德,增强班级凝聚力。

2. "定时跑"的训练,培养孩子耐力素质和坚强的意志力。

四、教学预案

(一)教学目标

1. 创设良好活动环境,学生能积极、乐于参与体育活动。

2. 通过"队列队形"的学习,培养孩子"一切行动听指挥"、守纪律、爱班集体的优良品德,增强班级凝聚力。学习"定时跑"培养孩子耐力和意志品质。

3. 自制沙包进行有上手投掷练习,发展投掷能力,培养身体力量、协调性。

4. 树立自信,通过努力获得成功感,培养合作、关爱、尊重的社会适应能力与水平。

（二）学习内容

1. 队列队形:①我来指挥环节:全体同学指挥老师,三面转,要求动令在"转"字上。②左手叉腰——向右看齐! ③原地踏步 PK,原地跑步 PK。

2. 1分钟跳绳。

3. 趣味沙包投准:衣服反穿投接沙包。

4. 定时跑。重难点　重点:队列队形　难点:口令洪亮、动作正确、整齐。

5. 教学策略:①小组比赛法,胜的小组给予鼓掌鼓励,输的小组击掌加油。②男女生的队列口令比赛或展示。③角色交换的教法,如在"我来指挥环节"中,全体同学指挥老师,老师做三面转。

在体育教学中,如何对学生进行思想品德教育,关键在于教师的言传身教。我们可以运用体育先进事例进行榜样教育,比如通过介绍我国体育健儿在国内外重大比赛中所取得的骄人成绩,优秀运动员刻苦训练的感人事迹,在奥运会上为国争光的光辉时刻,我国在国际体育史上所取得的瞩目成就等,使学生在平时锻炼和学习中,能够以这些体育健儿为榜样,不怕苦,不怕累,从而达到良好的教学效果。

另一方面,作为教师,我们必须加强自身修养,提高自身素质。在课堂上,我们应举止大方,谈吐文明,讲解清楚、示范规范、言行一致,给学生树立良好的教师形象,使学生在潜移默化中受到熏陶,达到进行思想品德教育的目的。还应注意寓情于教,以身作则,以情感人,师生间增强情感交流。在课堂教学中,教师勇于吃苦,不怕劳累,不怕日晒,不怕风吹和严寒,工作认真负责,准备活动和同学们一起做,示范认真规范,尽量满足同学们的要求,练习时积极为同学们当陪练,耐心帮助落后的同学。要求学生做到的,教师先做到,以自己的实际行动去激励同学,从而达到德育的目的。

（上海市嘉定区南苑小学　万超逸）

课程创意 7 - 4　　欢欢喜喜庆国庆

　　2018 年教育部下发了《关于全面深化课程改革　落实立德树人根本任务的意见》（简称《意见》），《意见》中指出"小学生要具有终身必备品格和关键能力,要体现良好的个人素养、家国情怀"。为此,在小学道德与法治课中要落实这个指导意见。作为一线道德与法治老师,要立足于课改前沿,积极转变教学观念,寻找有效的教学策略,在道德与法治课中融合爱国主义教育,培养小学生的爱国意识。现在的儿童生活在和平年代,中国曾经的苦难历史对于他们来说年代久远,而且因为年龄较小,阅历和经历有限,更增加了与中国历史的距离感。通过课前的了解,我发现孩子们对于国庆、国旗、革命先烈的认识都极为模糊。对于国庆,孩子们首先想到的是可以放假了,可以出去玩了,他们不清楚国庆节本身的含义以及国庆节于中国人意味着什么。对于国旗,只停留在认识层面,对于五星红旗所包含的意义不清楚。对于革命先烈,更是接触甚少,他们的脑海里有大量的动画卡通人物,却唯独少了革命先烈,甚至有一个班的孩子在看完《董存瑞炸碉堡》的视频后,还将董存瑞误以为是雷锋。基于以上情况,加强爱国主义教育是迫切且必需的。现以《欢欢喜喜庆国庆》为例,阐述如何培养学生的爱国情怀。

　　首先,多媒体播放歌曲《今天是你的生日》。

　　谈话引题:我们祖国的生日是哪一天啊? 从"生日"这个话题引入"国庆节"这个知识点,贴近孩子们的生活,激发学习的兴趣。

　　接着播放《开国大典》片段,学生通过观看《开国大典》视频,感受新中国成立带给人民的喜悦,再通过小组讨论的方式,讲董存瑞炸碉堡,刘胡兰坚贞不屈英勇就义,邱少云烈火焚身岿然不动等革命英雄故事,让学生懂得今天的和平与幸福生活来之不易,认识到中国共产党的伟大,激发起民族自豪感与爱国情怀。

　　而后,带领学生了解国家标志的含义与象征,讲有关国家标志的故事加深理解。例如,在讲解国旗时,让孩子们说一说在哪些地方会看到国旗,并给同学们讲一讲在全球战疫过程中,我国派出医疗专家组到疫情严重且需要帮助的国家进行国际援助,每一名出征的专家组队员都会身穿胸前带有国旗的队服,代表我们的国家出征;我们送出的每一份国际医疗援助物资上都会印有我们的国旗,这充分展现了我们的中国力量与大国风采。再例如,在讲解国歌时,为同学们讲解"利比亚撤侨"以能否唱国歌判断是否是中国人的故事。真实的故事总是最能触动学生的心灵,极大地激发学生的爱国情感,帮助树立国家观,建立国家认同感。

接下来,通过情景分析的方式更直接地告诉学生遇到不同的情况应该怎样做。最后,将知识高度进行提升,带领学生初步了解国家标志的相关法律,使他们认识到国家标志与象征是神圣不可侵犯的,进一步筑牢学生安全的国家观。

爱国主义教育比较抽象,它与学生的日常生活和认知水平有一定的距离,因而对二年级的学生来说,爱祖国爱人民很容易成为空洞的口号。如何让"爱祖国,爱人民"转化为实实在在的日常生活中的行为,需要我们思考。通过具体的学习活动的开展,如"认认国旗、找找国徽、学学升旗礼仪"等具体活动,引导学生理解国家的尊严,理解国家象征的神圣,以此体现我们对祖国的热爱,并让学生懂得爱国要从实际行动做起,比如升国旗时行注目礼、少先队员敬队礼,保持严肃,不随便讲话,身体不随意扭动;唱国歌时要有精神,声音洪亮等。通过在日常教学中融入爱国教育,教师引导学生自觉地将个人理想与国家前途、民族命运相联系,认识自身背负的时代使命,实现个人发展与国家发展、民族复兴的有机结合。教师应进一步深入思考爱国教育融入小学道德与法治课程教学的方式方法,坚定理想信念教育,更好地落实立德树人的根本任务。

(上海市嘉定区南苑小学　康文凤)

课程创意 7-5　　乐为同伴加油

我们在参加体育活动时经常会看到这样的情境,当自己小组在比赛中获胜时,全体欢呼,得意洋洋,而当其他小组获胜时,则表现出失落,甚至同伴间会相互埋怨。人对客观事物是否符合自己需要所产生的态度体验和表现出的行为反应,就是情绪。激动的情绪是种比较短暂的激动状态,它与人的道德性需求相联系,并带有一定的冲动性，这种反应较明显地表现在外部，我们很容易观察到，但也存在埋藏在内心深处，不轻易让外人察觉的情况。

所以我们无论在学习中还是在生活中都要保持健康情绪，乐为同伴加油，建立愉快的心情，积极的态度。在自己获得成功时，别忘了为同伴加油，同伴获得胜利时，要乐于为他们喝彩。因为，保持健康的情绪能使我们神清气爽，充满阳光，从而增强身体的免疫力，提高学习效率。那我们怎样来保持健康的情绪呢？

1. 努力控制、正确表达

努力控制、正确表达令人高兴、兴奋、自豪的或者愤怒、悲伤、忧愁的事。我们都要努力控制自己的情绪。在生活和学习中，采取文明、礼貌、尊重他人的表达方式，而不能采取粗暴、野蛮、不讲道理、伤害他人的表达方式。

例如：体育课上，小英在迎面接力游戏时，一不小心传棒失误，以至于本小组比赛得了班级的最后一名，这时小刚横眉怒目，大声斥责："真笨，棒也不会传！"小英的脸涨得通红，眼噙着泪。这里的小刚求胜心切，很想取得胜利，当同伴在游戏中出现失误时，他感到自己获取胜利的愿望不能实现了，于是由生气到大怒。他没有控制住自己的情绪，采用了不尊重他人的表达方式。当时作为体育老师的我在场教导小刚，正面积极地引导道："老师知道你好胜心强，很想取得胜利，其实小英一直很自责，她才是最难过的同学。我想善良的你一定不舍得她一直处在内疚中，如果你帮助小英改进传接棒的方法，并鼓励她：'你下次一定能传好的，加油！'相信她下次一定会传得漂亮！"小刚按照我的方法，走到小英身前说："小英，对不起，刚才我太激动了，我太想取得胜利了，所以我的情绪没有控制好，希望你能原谅！现在老师让我们自由组合进行练习，我们两个一起来练习吧，我来教你正确传接棒的方法。我相信我们只要齐心协力，下次我们队肯定会取得胜利的！"采取这样积极的表达方式之后，小英精神振奋，掌握了正确的传接棒方法，全身心投入到游戏比赛中。果真，在下一节课的接力比赛中，他们组获得了胜利。

2. 积极转移、排解忧虑

当不良情绪产生时，我们要正确面对，积极转移排解。我们可以运用转移、自我暗示等方法消除不良情绪,要培养自己心胸开阔、充满爱心、热情开朗、关心集体等高尚的情操和品质。

例如:在体育课的滚翻游戏教学比赛中,小明一组获胜,小强一组失利。小强一组的同学不因失利而沮丧,体育老师告诉他们,大家不要因为一时的失利感到沮丧,来,来,来,大家把手搭在同伴的肩上紧紧围成一圈,喊出响亮的声音:"加油! 加油! 我们一定能获胜。"老师教他们采用自我暗示的方法,积极转移了心中的不良情绪,既排解了心中的不快,又为自己鼓劲加油,培养了开朗、向上、关心集体的良好品质。

3. 正确评价、取长补短

我们每一个人都有长处和短处,要学会客观地认识和评价自己。过高或过低评价自己都会产生心理偏差,要做到"胜不骄败不馁",扬长避短,取长补短。不要因胜利而洋洋得意、眉飞色舞,轻视他人,也不要因暂时的失利而垂头丧气,相互埋怨、指责。

对于小学生的情绪教育和管理,教师要做到家校联合帮助学生做好情绪管理的疏导工作,防止不良情绪蔓延,我们还可以站在他们的角度去思考,设身处地寻找好的办法来帮助孩子们。所以我们要经常鼓励孩子们,在比赛中不仅要原谅同伴的失利,怀有一颗包容之心,还要为同伴的获胜发出真诚的祝福。愿我们的学生都具有宽广的胸怀,热情开朗的性格,积极向上的优秀品质。

(上海市嘉定区南苑小学　王建光)

▎ 问卷设计 ▎
道德发展指向学生核心素养

道德发展作为学生核心素养的基本面之一,需要教师在课程研究与实施的过程中设计培养学生道德性学习需求的教学环节,在此基础上通过教育教学过程的细化与深入,逐步引导学生形成有效管理自己学习和生活的能力,并在此过程中认识和发现自我价值,发掘自身潜力,提升学生学习品质与核心素养。基于以上出发点,本课题组结合本校教师队伍实际,设计以下教师问卷:

尊敬的各位老师:

你们好!

本次问卷调查是为了在我们学校开展关于《"核心素养+学习需求"为导向的学校课程深度变革研究》这一课题的研究,请老师们积极配合。感谢您的参与!

1. 您对参与培养学生道德性学习需求的教学任务的态度?

A. 积极参与　B. 不愿参与

2. 您班级学生对道德性学习需求的态度?

A. 积极参与　B. 不愿参与

3. 为了满足学生的道德性学习需求,您采用以下哪种形式的教育方式次数最多?

A. 各种课程　B. 个别谈心　C. 班会教育

4. 关于道德性学习的内容,有些内容您在课堂上不做处理的原因是

A. 难度大,教师理解不好　B. 内容不符合本班学生实际

C. 素材与教学内容联系不紧密

5. 您对课程中道德性学习需求的了解程度

A. 非常了解　B. 部分了解　C. 不太了解

6. 您在备课时是否会注重搜集整理和教学内容有关的道德性学习素材?

A. 经常主动搜索整理道德性学习的素材

B. 偶尔搜集整理道德性学习素材

C. 不会刻意去搜集,课本上的素材就够了

7. 现有的学校教学资源能否满足道德性教学的需要?

A. 能满足 B. 勉强支持 C. 无法满足

8. 关于学生道德性学习的教学时间是否充裕?

A. 时间充裕 B. 时间勉强足够 C. 时间不够

9. 您在课堂上会组织学生对与道德性学习有关的问题进行讨论吗?

A. 经常 B. 较少 C. 几乎没有

10. 您主要从以下哪方面对学生的道德习惯进行评价?

A. 平时表现 B. 书面作业 C. 课堂活动

11. 关于如何指导学生进行道德性学习,您有哪些合理建议呢?

_____

示例:

① 在班队活动中开展有趣的活动,有针对性地进行教育。

② 教学内容与其他学科的相关知识相互融合,进一步强化道德性学习需求。

③ 做好家校协同,了解学生在家庭中的表现,有的放矢地进行教学。

苏联教育家苏霍姆林斯基,认为道德教育在全面和谐发展教育中居于核心地位,是其他全部教育的灵魂。他强调,少年儿童通过道德教育首先必须形成必要的道德习惯。为了更切实地了解学生真实的道德性学习现状,同时更全面地了解学生对道德性学习的真实需求,本课题组结合本校课程体系,设计以下学生问卷:

调查问卷(学生):

亲爱的同学：

　　你好！这是一份与你个人的学习生活密切相关的调查问卷，你的意见相当宝贵，请如实填写，谢谢参与！

　　性别（　　）　年龄（　　）　年级（　　）

　　1. 你知道学校的校本课程吗？（　　）

　　A. 知道　B. 有一定了解　C. 不知道

　　2. 你对哪门学科或类别的知识最感兴趣？（　　）

　　A. 文学知识　B. 科普知识　C. 文化历史　D. 体育游戏

　　E. 动手实践　F. 艺术欣赏　G. 其他道德与法治、队活课等

　　3. 你是否想在学习中提升自己的道德水平？（　　）

　　A. 非常想　B. 有点想　C. 不想

　　4. 你认为学校开展哪些类别的课程能提升你的道德水平？（多选）

（　　）

　　A. 文学知识　B. 科普知识　C. 文化历史　D. 体育游戏

　　E. 动手实践　F. 艺术欣赏　G. 其他道德与法治、队活课等

　　5. 对你来说最能提升道德水平的学习渠道是？（多选）（　　）

　　A. 书本　B. 网络　C. 他人传授　D. 自我探索

　　E. 课堂教学　F. 其他_____

　　6. 你最想提升自己哪方面的道德性水平？（多选）（　　）

　　A. 诚信　B. 友善　C. 勤俭　D. 爱国　E. 其他

　　7. 你对学校的校本课程有什么意见和建议？

　　_____

示例：

① 希望能设计给人启迪，富有趣味，切近实际的课程；

② 希望经常组织参观爱国主义教育基地的活动，做到校外与校内二者相结合；

③ 也可以请我们的爸爸妈妈来当老师给我们讲讲做人的修养。

▌ 调查报告 ▌
"正向为善",展现生命的张力

一、调查背景

学习需求源于学习目的与学习动机。学习需求分析是以学习者为对象,用科学的方法收集信息,了解其在学习上的缺失或不平衡,并寻求满足其学习需求的对策的过程。学习需求分析也可以以教学开展者为对象,有利于教学目的、教学环节、教学评价等的设计、实践与反思。总之,学习需求分析是学校课程设计开发中一个不可或缺的重要环节,也是课程设计开发的重要依据。

道德性学习基于"以人为本"的原则,以满足学习者实现身心健康、能够适应社会发展、具备独立人格以及高尚道德情操的全面发展需求为主要特征。教师在教学中应主动肩负起引导学生走向道德生活的责任,在特定教学情境中进行思想的引领、知识的传播以及情感的交流,发挥教学中蕴含的"正向为善"这一积极成分的重要作用。只有兼顾教师、学生道德水平与教学活动本身的道德属性,在确保教学道德性的达成基础上,才能逐步实现真正有效的教学,从而使得学生身心全面和谐发展。因此,注重学生道德性学习需求的满足也成为了教师通过课程设计和实施提升学生学习素养的有效途径。

为了了解南苑小学学校课程开发和实施过程中对学生道德性学习需求的体现情况以及教师如何通过教学有效致力于学生素养的提升,本课题组开展了此次调查。

二、调查对象与方法

1. 调查对象

2020 年 7 月,采用问卷的形式对南苑小学全体学生和教师分别进行调查。

2. 调查方法

本次调查以匿名问卷的方式收集到一定数量真实可靠的原始数据，借用学校钉钉平台对我校在校学生及教师进行调研并形成数据。

三、调查结果与分析

本次调查共发出问卷 1 037 份，其中学生问卷 957 份，教师问卷 80 份。回收学生问卷 934 份，其中有效问卷 934 份；回收教师问卷 80 份，其中有效问卷 80 份。我们得出如下调查结果：

1. 对校本课程知晓程度高

在学生问卷中，100％的学生知道且了解学校校本课程。可见学校"大风车课程"在开发和实施的过程中，无论是在学生知晓度还是参与度上都体现了普遍性。同时，100％的学生希望通过学校开设的课程的学习提升自己的道德水平，尤其是通过文学知识类和历史类学科，体现了学生对校本课程开发、融合和创新的满意程度与进一步需求。

2. 对道德性学习需求的认可度高

在学生问卷中，所有学生都认为道德性学习的学习渠道是多种多样的，36％的学生认为课堂教学仍是最能提升个人道德水平的主要途径，同样 36％的学生认为他人传授也非常重要；在教师问卷中，100％的教师认为学生需要通过学习具备良好的道德素养和品格。可见无论是学生还是教师都认为在学习过程中道德性学习是非常重要的。但是对于个人道德性学习的具体达成程度方面的需求从高到低分别是：爱国道德性水平、诚信道德性水平、勤俭道德性水平和友善道德性水平，体现出学生在成长过程中对个人素养的全面提升、对道德品格和素养的内在认知和需求有所不同，但尚且全面，且不同年级体现的需求也有一定差异，因此个人道德性学习需求随着学生年龄的增长和个人意识的凸显会逐步呈现其重要性、差异性和全面性，这是一个与学生年龄、认识、能力匹配度较高的学习需求。与此同时，66％的教师认为教师个人在各类教学活动中有意识地引导和渗透，是提升学生的道德品格和素养直接有效的方式，也是大家使用频率最多的途径；而教材内容与班级实际情况相符度不够，也是影响教师持续开展道德性教育的主要因素。此外,学科内容、学习习惯与态度、家庭社会因素则是绝大部分教师眼中影响学生道德品质形成的关键因素。可见在指向学生"正向为善"的人生价值观形成的过程中,家校社合作平台成为道德品质有效教学和养成的主阵地,承担着培养和提升学生道德性学习能力的重要使命。

3. 对道德性学习能力培养途径多元化的认可度较高

针对如何在学习中培养自己的道德品质,提升道德素养,学生提出希望有更多家校社活动的加入,可以更多地得到启迪,认为家庭生活、社会实践也是提升道德品质的有效途径,体现出学生对道德性学习能力的多元化认知和理解,以及对培养途径的多种需求。这一点也体现在学生对校本课程的教学目标认知上,学生也同样体现出对现有课程更有利于提升个人学科知识学习的能力,而在满足个人道德品质形成的需求上尚且不足的担忧;而其他学生认为体育、艺术、表演等课程中因为有更丰富的学习情境和团队合作,更能满足自身对提升道德学习能力的需求,这体现出学生对个人综合能力提高和全面发展的需求,以及对部分课程单一知识性教学的担忧。而教师们也对培养学生道德性学习能力的方式有多种理解,其中有效的学科融合、案例教学、经验分享、团队合作、榜样力量、互动讨论和奖惩机制都成为了教师的首选,体现了打破学科边界,将"五育并举""学科融合"体现在教学实践中的良好教学现状,同时也有部分教师提出在培养学生良好的道德品质的过程中,"加强家校社沟通,追求家校社合作,巩固教学效果"更是不可或缺的有效途径,体现出教师对家校社共育程度提升的迫切需求。

四、提升学生道德性学习能力的对策

1. 基于学情,目标导向,多维落实

在教育工作实践中,常常遇见令人莫解的现象:在小学各年级中开展行为规范和品行养成的教育活动过程中,低年级学生的认知能力较弱,但对教师的要求达成度却不低;高年级学生认知能力和自我意识都更强,但对教师要求的执行力却不尽如人意。学生的年龄越增长,个性越强,个人意识在学习上的体现也越明显。我们的观察证实,在绝大多数情况下,教师在开展道德性教学的过程中容易习惯于某一种或几种教学方式，但这些固定的教学方式可能未必会随着学生的身心变化而改进或优化。因此，导致了不同时期开展同样教育活动的有效性有较大差距，同时学生的接受度和喜好度也出现了变化。我们基于学生在教学中的具体学情和需求，将开发多元化课程，分层制定道德性学习目标。将学生按年龄段分层，运用师生互动、小组合作、同伴交流、案例分析、榜样引领等多维度、多层次模式逐步推进道德性教育活动的落实，激发更多学生的参与热情和学习兴趣，满足不同年龄段学生的学习需求，逐步形成积极正向的人生价值观。

2. 丰富课程，整合学科，挖掘深度

教师道德本身具有不同的层次，教学道德性的具体表现也必然不同。道德性教学不是单独存在的，它是融合于每个学科、每个校园生活细节之中的。正所谓"人人都是德育工作者"，随着全员育人理念的逐步推进，文化素养的传递是教师在教学活动中必须履行的义务和必备的职业道德品质，教师在开展学科教学的同时，需要同时关注学生身心发展和个人素养的全面提升，因此我们课程开发中对道德性学习需求的考量具有重大意义。我们可以通过挖掘课程中的道德内涵和育人价值，拓展教学目标，设计生动、融合、有效的教学内容，调动学生的各方面兴趣，开展多元化的教学活动，利用学科优势助力道德教育的升级。在丰富的课程体系下，让学生接受多途径的道德输入的可能性是很多的，要正确、科学、有效地利用这些可能性。比如基于传统文化学习的大主题，艺术类课程可以通过唱一唱、画一画、跳一跳、演一演等方式让学生在实践过程中体会其中的文化特性和情感；实践类课程就可以通过实地走访、参观等形式加强学生对传统文化习俗形成和传承方面的了解，加强对学生文明出行、遵守秩序等的社会道德的培养。智力类课程就可以引导学生在了解某一传统文化的表象知识的基础上联系不同的时代背景，深挖文化背后我们需要传承与发展的必备品格。

3. 家校共育，巩固成果，提升实效

道德品格和素养是学生社会化和生命成长的必然需求，学生处于多重社会环境的共同影响和熏陶之下，是一个社会性发展还不成熟的个体，需要家庭、社区和学校共同出力，建立家校共育长效机制，确保其社会化的完成度和稳定度的达成。在学校不断探索如何丰富和深化课程体系之外，还需要靠加强家校沟通来巩固教学成果。好品质、好习惯、好品行的养成不是仅凭课堂教学就能实现的，必须以社会生活为最终的落脚点。比如开展和劳动相关的课程，需要同时树立学生与家长正确的劳动观，获得家长的认同，才能在居家和社会劳动实践的过程中得到家长的大力支持和参与，从小培养幸福生活由劳动创造的符合新时代社会主义价值体系的劳动观和劳动精神。同时，也要利用校内外多种资源开展智慧家长学堂，提升家长科学育儿的理念和能力，让"学习型家长"成为学校道德教育、智慧育人队伍中的坚实力量。在开展相关课程时充分引入优秀家长资源，让家长走进课堂，了解学校开展道德教育的模式和途径，同时输入新鲜的教学方式，整合多方资源，以便于更好地将学校教育和家庭教育进行对接，巩固在学校丰富课程体系下学生习得的道德品质和素养在社会生活中的实践效能。

后 记

秋风起,寒意浓,《核心素养与学习需求:学校课程建设导引》一书终于完成了,回想研究的点滴,心中感慨万千。

上海市嘉定区南苑小学在第一轮品质课程研究中,深入推进特色课程建设,加强课程顶层设计,提升课程领导力和执行力,精心培育课程文化。创建了独具校本特色的"大风车课程"品牌,著有《大风车课程指南》;积极研究课程实施策略,著有《课堂如诗》;开发校本特色课程,著有课程纲要集《大风车课程:童趣与想象》。而本书则是"大风车课程"的又一次升华与变革。

本书的编撰初始,全体教师都积极投稿,共上交了50多篇课程创意,经过精心挑选和修改后,将其中40篇选入本书。所以,在此要感谢全体南小教师,尤其是这40篇课程创意的设计者。还要感谢学校雅研科研工作坊的成员们对各章节内容的修改汇集,各章节负责人如下:第一章,罗芸;第二章,康文凤;第三章,张维;第四章,张益聪;第五章,李迪;第六章,万星辰;第七章,张瑜。瞿珍和何晟娴对全书进行了审阅与统稿。更要感谢上海市教育科学研究院杨四耕教授,倾囊相授,从理论引领、框架搭建、行为基调、甚至到语句斟酌等都给予了我们编委细致详尽的指导。

我校坚持立德树人教育方向,不断深化课程研究,不断挖掘课程育人资源,丰富课程育人内涵,为学生成长搭建个性化、多元化的平台,满足了同学们全面成长的需要,极大地丰富了孩子们的校园生活,成为孩子们梦想的助力。相信纷繁多彩的课程的开设一定可以成为南小少年美好的校园记忆,让他们拥有一个快乐别样的校园生活。

钱晓强

2022 年 11 月 8 日

"品质课程"阅读书目

学校整体课程规划	978 - 7 - 5760 - 0423 - 6	48.00	2022 年 1 月
学校整体课程规划的七个关键	978 - 7 - 5760 - 0424 - 3	62.00	2021 年 3 月
教学诠释学	978 - 7 - 5760 - 0394 - 9	42.00	2020 年 9 月

📖 特色学校聚焦丛书

让个性自然发荣滋长:"引发教育"的理论寻源与实践探索			
	978 - 7 - 5760 - 2600 - 9	38.00	2022 年 3 月
面向每一个生命的教育	978 - 7 - 5760 - 2623 - 8	44.00	2022 年 8 月
让每一个生命澄澈明亮:"小水滴"课程的旨趣与创意			
	978 - 7 - 5760 - 2601 - 6	54.00	2022 年 8 月
新劳动教育:时代意蕴与实践创新	978 - 7 - 5760 - 3702 - 9	58.00	2023 年 3 月

📖 跨学科课程丛书

像博士一样探究:PHD 课程的创意与探索	978 - 7 - 5760 - 3213 - 0	52.00	2023 年 2 月

📖 核心素养导向的课堂教学丛书

深度教学的内在维度:数学反思性学习的六个策略			
	978 - 7 - 5760 - 2590 - 3	36.00	2022 年 3 月
具身学习的 18 种实践范式	978 - 7 - 5760 - 2591 - 0	38.00	2022 年 6 月
课堂是照亮彼此的地方	978 - 7 - 5760 - 2621 - 4	46.00	2022 年 7 月
以学习为中心的课堂范型	978 - 7 - 5760 - 2622 - 1	42.00	2022 年 8 月
简练语文:教学主张与实践智慧	978 - 7 - 5760 - 2681 - 8	56.00	2022 年 9 月
课堂核心素养	978 - 7 - 5760 - 3700 - 5	48.00	2023 年 3 月

📖 特色课程建设丛书

幼儿园特色课程的框架与实施	978 - 7 - 5760 - 2598 - 9	48.00	2022 年 3 月
课程是鲜活的:"大视野课程"的旨趣与活性	978 - 7 - 5760 - 2599 - 6	42.00	2022 年 7 月

指向核心素养培育的学校课程图谱   978 - 7 - 5760 - 2624 - 5 42.00 2022 年 7 月

让儿童生活在美的世界里：幼儿园全景美育的课程探索

             978 - 7 - 5760 - 3552 - 0 44.00 2023 年 2 月

核心素养与学习需求：学校课程建设导引 978 - 7 - 5760 - 3848 - 4 52.00 2023 年 6 月

📖 课堂教学新样态丛书

课堂，与美最近的距离：基于学科核心素养的课堂教学变革

             978 - 7 - 5675 - 7486 - 1 38.00 2022 年 4 月

协同教学：意蕴与智慧   978 - 7 - 5675 - 8163 - 0 48.00 2022 年 4 月

决胜课堂 28 招   978 - 7 - 5760 - 2625 - 2 52.00 2022 年 4 月

一百个孩子，一百个世界：基于差异的教学变革

             978 - 7 - 5675 - 6754 - 2 42.00 2022 年 11 月

课堂如诗："雅美课堂"的姿态   978 - 7 - 5675 - 7219 - 5 42.00 2022 年 11 月

在教室里眺望世界：基于 BYOD 的教学方式变革

             978 - 7 - 5675 - 8247 - 7 52.00 2022 年 11 月

课堂教学的资源设计与方式变革   978 - 7 - 5760 - 3620 - 6 52.00 2023 年 2 月

📖 学校课程变革新取向丛书

平衡性变革：学校课程建设新取向   978 - 7 - 5760 - 3746 - 3 52.00 2023 年 5 月

📖 课程育人新坐标丛书

学校课程的统整之道   978 - 7 - 5760 - 3845 - 3 56.00 2023 年 5 月

教室里的课程   978 - 7 - 5760 - 3843 - 9 38.00 2023 年 6 月